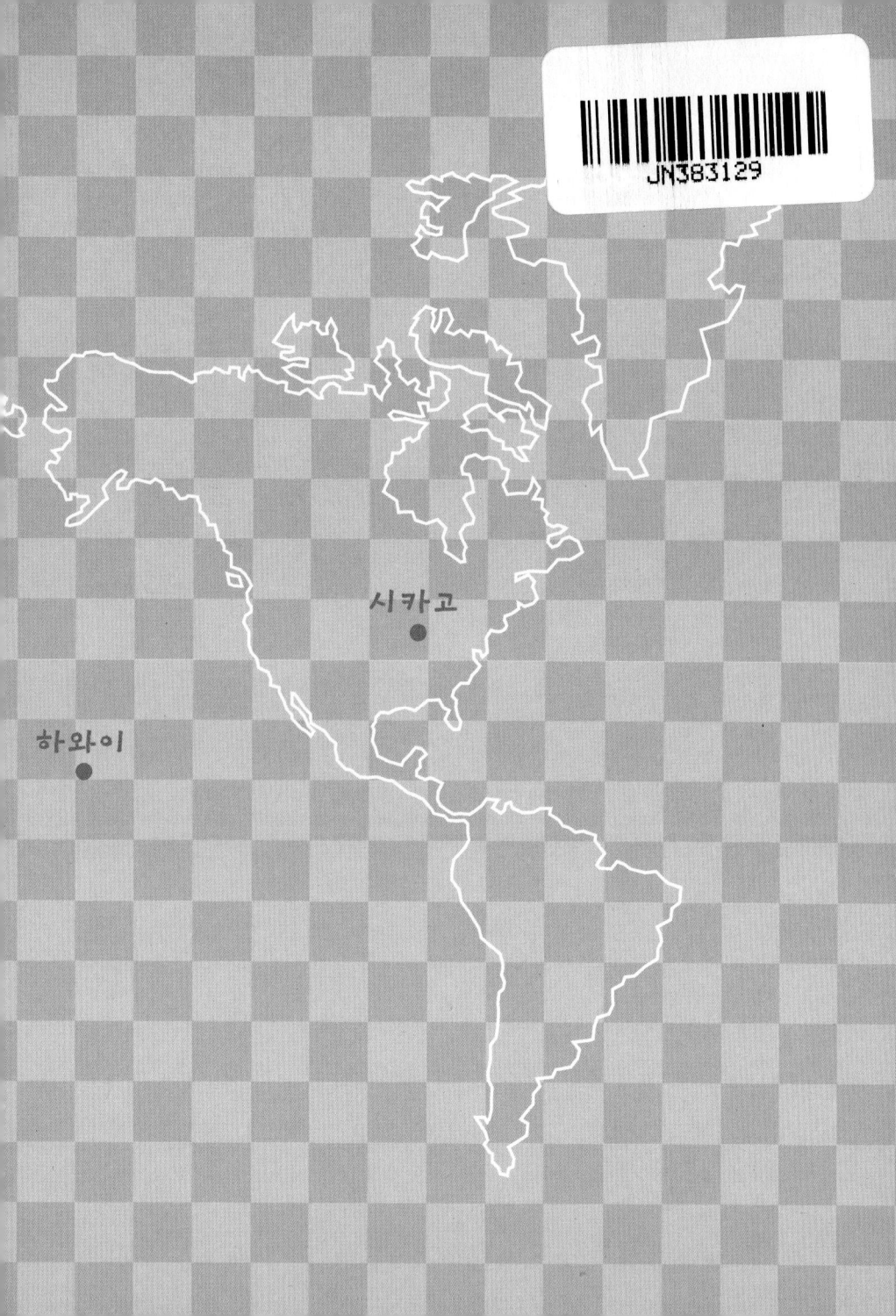

오바마 대통령의 꿈

글쓴이_한봉지

경남 함안에서 출생하여 서울예술대학 문예창작과를 졸업하였습니다. 〈실천문학〉 단편소설부문 신인상을 받았고, 소설을 쓰면서 동화쓰기에도 열정을 쏟고 있습니다. 자연에 묻혀 사는 아이들의 이야기를 진솔하게 그려내며 그 속에서 따뜻한 인간사의 면면을 떠올리게 해 줍니다. 작품으로는 『형, 소풍 가자』, 『뱀장어학교』, 『날아라 혹 아이』, 『고래야, 고래야 귀신고래야』 등이 있습니다.

그린이_이기훈

충북 제천 출생. 일러스트를 전공한 후에 다양한 작품을 선보인 바 있습니다. 꼼꼼하게 작업하기로 정평이 나 있는 선생님은 부드러운 선들이 만들어 내는 인물묘사가 뛰어나다는 평가를 받습니다. 현재 제천에서 최근에 태어난 아이를 위해 그림동화를 그리고 있습니다.

꿈을 주는
현대인물선
1

오바마 대통령의 꿈

한봉지 글 | 이기훈 그림

리젬

차례

케냐에서 온 아버지 … 9

암스트롱이 손을 흔들었나요? … 27

인도네시아로 간 오바마 … 43

다시 하와이 … 77

아빠를 만나다 … 97

배리, 농구장에 가다 … 113

나는 버락 후세인 오바마입니다 … 134

흑인 대통령 오바마 … 161

작가의 말 … 180

나오는 사람

버락

버락 후세인 오바마. 오바마의 아버지로 케냐에서 하와이로 유학을 갔다. 하와이에서 앤과 결혼하여 오바마를 낳았다. 그 이후, 하버드 대학을 졸업하고 케냐로 건너가서 교통사고로 사망.

앤

스탠리 앤 던햄. 캔자스 주 출신으로 백인이다. 하와이에서 대학을 다니다가 버락을 만나 오바마를 낳는다. 이후에는 인도네시아인 롤로와 결혼하여 마야를 낳고 다시 하와이로 가서 오바마의 교육에 힘쓴다. 1990년 중반 쉰세 살의 나이로 사망.

배리

버락 후세인 오바마 주니어. 케냐출신 버락과 하와이에 살고 있던 앤 사이에서 태어나서 2009년 1월에 미국 최초의 흑인 대통령이 된다. 어릴 때는 '배리'라고 불리고, 어른이 되어서는 '버락'이라고 불린다.

할아버지

스탠리 던햄. 오바마의 외할아버지. 미국에서 가구사업을 하다가 하와이로 건너가 보험회사 일을 하면서 오바마의 성장을 지원한다.

할머니

메이들린 던햄. 오바마의 외할머니. 은행 간부로 일하면서 수입의 많은 부분을 오바마의 교육에 투자한다. 차가운 듯 하지만 사랑이 넘치는 분이다. 오바마가 대통령 당선을 며칠 앞둔 날 사망.

롤로

롤로 소에토로. 인도네시아 교환 대학생으로 하와이에 갔다가 앤과 결혼한다. 오바마의 새 아버지.

케냐에서 온 아버지

저의 아버지는 아프리카 케냐 사람입니다.
저의 이름 '버락'은
케냐말로 '신에게서 축복받은 사람' 이라는 뜻입니다.

나이로비 공항 벤치에 한 청년이 잠을 자고 있었다. 비행기가 뜰 때마다 누런 먼지들이 날아들고, 경찰들이 시끄럽게 호루라기를 불러대도 청년은 눈썹 하나 깜짝하지 않았다. 비행기에 왜 닭을 못 싣게 하느냐며 한 노인이 검색대 공무원에게 고래고래 소리를 질러도 그 소리가 청년을 깨우지는 못했다. 청소하던 흑인 아줌마가 빗자루로 청년의 가방을 툭툭 때려도, 한 꼬마가 씹고 있던 껌을 청년의 바지에 던져도 청년은 일어나지 않았다. 이 청년이 장차 미국 44대 대통령인 버락 후세인 오바마의 아버지가 될 거라는 사실을 아는 이는 아무도 없었다.

"버락, 일어나봐!"

버락을 깨운 건 그의 여동생 제인이었다.

"어떻게 됐어?"

버락은 하품을 하며 물었다.

"고약하게 됐네. 시간이 좀 걸리겠어."

미국으로 유학을 보내주기로 한 정부에서 유학을 마치고 나면 고국인 케냐로 돌아와야 한다는 각서를 200장이나 받아오라고 했다. 이 말을 뒤늦게 들은 버락은 비행기를 놓친 채 무작정 벤치에 누워 기다렸던 것이다.

"흠……."

벤치에서 일어선 버락은 가방을 들었다.

다시 까마득하게 먼 길을 돌아가야 한다고 생각하니 숨이 턱 막혀왔다. 빅토리아 호수 옆 냔자구 콜레고까지는 50km 정도의 거리였다.

"제인, 가자."

버락과 동생 제인은 터덜터덜 길을 걸었다. 걸을 때마다 먼지가 머리끝까지 날렸다. 제인이 노래를 흥얼거리기도 했고, 길거리에서 야자수 열매를 사서 나눠 마시기도 했다. 가는 거리만큼 다시 되돌아와야 하는 길이었다.

집에 도착하자 염소들만 음메음메 울어댔다.

버락과 제인은 반얀나무 아래에서 가족들을 기다렸다.

한참 뒤, 버락의 아빠 온양고와 엄마 사라가 집으로 돌아왔다.

"이틀이면 될 것 같구나."

아빠 온양고가 말했다.

"죄송합니다."

버락이 고개를 숙였다.

"미안할 거 없다. 이건 우리 루오족의 자존심을 건 일이다. 이 모든 게 영국 놈들 때문이라는 거 절대 잊지 마라."

수건으로 몸을 툴툴 털고는 온양고가 집 안으로 들어갔다.

이 모든 게 영국 때문이라고 온양고가 말한 것은 다 이유가 있었다. 케냐는 1895년부터 영국의 보호령으로 영국 땅이 되었다. 영국인들은 아프리카 동쪽에 있는 케냐를 백인들의 국가로 만들기 위해 많은 백인들을 데리고 왔다. 백인들은 총과 칼로 흑인들을 몰아냈다. 일부는 속임수로 헐값에 땅을 사들였다. 결국 하루아침에 케냐 사람들은 영국에서 건너 온 백인들의 노예가 되어버렸다. 그리고 소와 양을 기르던 케냐 사람들은 영국인들이 명령한 커피와 차를 재배하여 겨우겨우 먹고살았다. 영국인들은 노예가 된 케냐 사람이 유학을 가는 게 못마땅했다. 그래서 돌아온다는 각서가 없으면 유학도 못보낸다고 호통을 쳤다.

☆

  이틀 뒤, 버락은 다시 가족들 앞에 섰다. 가족들은 손을 흔들며 버락을 배웅했다.
  "꼭 돌아오셔야 해요."
  아내가 버락의 손을 잡았다.
  "물론이지. 걱정하지 마."
  버락은 임신한 아내와 어린 아이의 볼에 입을 맞추고 돌아섰다.
  발걸음이 무거웠다.
  "넌 우리의 자랑이야!"

멀리서 온양고가 큰 소리로 외쳤다.

가족들은 버락이 언덕을 내려갈 때까지 버락의 뒷모습을 보고 서 있었다.

그들은 하와이가 어디에 있는지 몰랐다. 그저 언덕 너머 어디쯤에 공항이 있고, 공항에서 비행기를 타면 이 지구상 어딘가에 하와이가 있다고만 생각했다. 그들은 또 비행기가 뭔지도 몰랐다. 동네에서 비행기를 타 본 사람이 없었다. 그래서 그들은 비행기를 큰 새로 비유했다. 큰 새를 타고 멀리 여행을 떠나는 버락은 루오족의 신이었다.

하루 뒤, 비행기가 나이로비 공항을 출발했다.

비행기에 탄 버락은 커튼을 치고 눈을 감았다. 햇빛을 보면 자꾸 어깨가 무거워졌다. 그래서 일찌감치 눈을 감고 머릿속을 비우기로 했다.

그러나 쉽지 않았다. 버락의 머리를 꽉 채운 건 영국의 식민지가 되어버린 케냐였다. 케냐에서도 가장 가난한 루오족이 머릿속에서 북을 둥둥 두드리고 있었다.

케냐의 전설에 따르면 하늘에서 내려 온 사람이 세 명의

아들을 불러놓고 창과 활, 괭이 중 하나를 선택하게 했다. 장남은 괭이를 선택해 농사를 짓는 키쿠유족이 되었고, 차남은 창을 골라 유목민인 마사이족이 되었고, 막내는 활을 가져 수렵을 하는 캄바족이 되었다고 한다. 다른 나라에서 이사를 온 루오족은 괭이도, 창도, 활도 없이 사냥을 하며 어렵게 살아야 했다.

긴 비행 끝에 버락은 하와이 공항에 도착했다.

버스 정류장으로 나온 버락은 망설이지 않고 택시를 탔다.

"어디로 가시죠?"

택시 기사가 물었다.

"하와이 대학요."

버락은 영국식 발음으로 말했다.

"멀리서 오셨네요. 하와이에 오신 것을 축하드립니다."

택시는 해안을 따라 달렸다. 갈매기들이 종이비행기처럼 바닷가에 둥둥 떠 다녔다. 금방이라도 부서져버릴 것 같이 힘이 없어 보였다.

"여깁니다. 손님."

택시가 하와이 대학 문앞에 섰다. 버락은 대학교를 쓱 쳐다본 뒤 안으로 걸음을 옮겼다. 쭉쭉 뻗은 나무들이 길 양 옆으로 즐비하게 서 있었다. 그 길 끝에 하얀색 건물이 있었고, 버락은 그 안으로 들어갔다. 건물 안에는 잠자리 날개처럼 생긴 커다란 선풍기가 천장에서 빙글빙글 돌아가고 있었다.

"어떻게 오셨죠?"

하얀 셔츠를 입은 백인 남자가 물었다.

"입학허가서를 가지고 왔습니다."

버락은 그 사람에게 초청장과 입학허가서를 내밀었다.

절차는 간단했다. 버락의 서류를 챙겨든 남자는 학사 일정이 담긴 책자를 건네며 창문 밖 빨간 벽돌 건물을 가리키며 저곳이 기숙사라고 말했다. 버락은 가볍게 목례를 하고 나왔다.

기숙사에 도착한 버락은 가방을 던져놓고 침대에 누웠다.

'너무 멀리 왔어.'

케냐에 있는 가족이 생각났다. 손을 흔들고 있던 아내와 눈물을 훔치고 서 있던 아들이 떠올랐다.

'꼭 돌아갈 거야. 꼭……'

버락은 신발을 신고 밖으로 나왔다. 달콤한 바람이 콧등을 스치고 지나갔다. 버락은 바람이 부는 곳으로 걸어갔다. 바다는 멀지 않은 곳에 있었다. 바다가 보이자 버락은 신발을 벗고 바닷물에 발을 담갔다.

그날, 버락은 어두워져서야 기숙사로 돌아왔다.
잠이 든 버락은 꿈도 꾸지 않았다. 아주 오랜만에 느껴보는 기분이었다. 가끔 가족들로부터 멀리 도망이라도 온 것 같은 죄책감이 들기도 했다. 몇 년 후는 되돌아가야 하겠지만, 그 몇 년은 다시 올 것 같지 않았다.

수업이 시작되었다.
버락은 딱정벌레처럼 책상에 납작하게 엎드려 열심히 공부했다. 기숙사와 강의실, 도서관을 매일매일 다람쥐처럼 왔다 갔다 했다. 같이 수업을 듣는 친구들은 버락이 하와이 대학에 있는 책이란 책은 다 먹어치울 것 같다며 농담을 하기도 했다.
그러던 어느 날, 같이 러시아언어 수업을 듣던 친구 브로드가 도서관으로 찾아왔다.

"오늘 시간 있어?"

브로드가 책상에 놓인 책을 펼쳐보며 말했다.

"무슨 일인데?"

"생일 파티가 있는데 올래?"

버락으로서는 예상치 못한 일이었다. 넉넉한 형편이 못 되어 친구들과 잘 어울리지 않던 버락이었다.

"좋아."

브로드는 생일파티 장소를 일러주고 도서관을 나갔다.

하와이에 와서 처음 맞는 생일파티였다.

브로드의 집은 호놀룰루 다운타운에 있었다. 택시에서 내린 버락은 몇몇 친구들과 눈인사를 했다. 거의 대부분의 친구들이 버락과 같이 수업을 듣는 친구들이었다. 그들 중에 흑인은 버락밖에 없었다.

"버락이 왔군. 공부벌레 버락이야."

흥이 난 브로드는 노래를 크게 틀어놓고 한 사람씩 무대 앞으로 불러내어 춤을 추게 했다. 버락도 무대 한복판으로 떠밀려 나갔다. 노래는 더 크게 버락의 귀를 때렸다. 하지만 버락은 어떤 춤을 취야할지 몰랐다. 자신이 알고 있는 춤은 루오족의 춤 밖에 없었다. 어리둥절한 표정으로 천장에 빙빙 도는 선풍기만 올려다보던 버락에게 누군가 손을 내밀었다.

"같이 춤춰요."

백인 여자는 버락의 손을 잡고 춤을 췄다. 버락이 생각하기에는 어색하기 짝이 없었지만 다른 사람들이 보기에는 썩 잘 어울리는 두 사람이었다.

노래가 끝날 즈음, 버락은 백인 여자의 손에 이끌려 조용히 무대 밖으로 빠져나올 수 있었다.

"춤 출 줄 몰라요?"

백인 여자가 물었다.

"네……. 케냐에서 왔거든요."

"아, 케냐."

두 사람은 브로드의 집에서 나왔다. 그리고 어느새 하와이 해변을 걷고 있었다.

"이름이 뭐죠?"

"후세인 버락, 그쪽은?"

"스탠리 앤 던햄, 그냥 앤이라고 불러요."

"앤, 고마워요."

이때 버락은 스물세 살, 앤은 열여덟 살이었다.

버락은 앤을 보는 순간부터 사랑에 빠졌다. 케냐에 부인과 아이가 있다는 것은 중요하지 않았다. 케냐에서는 일부다처제이기에 문제 될 게 없었다. 앤도 버락이 마음에 들었다. 흑인이건 백인이건 자신을 사랑해주는 남자라면 결혼해도 좋다는 생각이었다. 이것은 앤의 성격탓이기도 했다. 어릴적부터 여러 번 이사를 하는 통에 앤은 혼자 있는 시간이 많았다. 그때마다 앤은 책을 봤고, 책 속에서 무수히 많은 사람들을 만났다. 그 사람들 중에는 철학자도 있었고, 흑인도 있었고, 혼자 북극을 걸어가는 탐험가도 있었다. 이렇게 다양한 사람들을 책 속에서 만나고보니 앤은 너그러운 마음과 사람들을 차별없이 대할 수 있는 심성을 키울 수 있었다. 그리고 진심을 읽어내는 눈이 있었다.

버락은 앤과 결혼하기로 했다. 처음에는 앤의 부모님들이 반대했지만 두 사람의 사랑을 말릴 수 없었다. 버락은 앤을 데리고 마우이 섬으로 가서 결혼을 해버렸다. 뒤늦게 이 사실을 안 케냐에 있는 버락의 아버지는 크게 반대를 했다. 결혼을 한다면 정부에 이야기를 해서 유학 비자를 중지시키겠

다고 협박도 했다.

그러나 버락과 앤은 1961년 8월 4일, 버락 후세인 오바마 주니어를 낳았다. 할아버지와 할머니는 버락이 안고 있는 흑인 손자를 보며 기뻐했다. 버락이 흑인이라는 건 잊어 버린 뒤였다.

"하와이에서 손자를 얻다니!"

할아버지는 눈물까지 흘렸다.

"어떤 이름이 좋을까요?"

앤이 말했다.

"버락 후세인 오바마 주니어."

버락이 힘주어 말했다.

"……."

모두 버락만 쳐다보고 있었다.

"좋네, 좋아. 이 아이의 아빠는 자네니까 자네 좋을 대로 하게. 하지만 그냥 집에서 부르는 이름은 배리로 하세."

"배리? 좋아요."

그렇게 해서 버락 후세인 오바마는 배리로 불리게 되었다.

버락은 대학에서 멀지 않은 곳에 단층집으로 이사를 했

다. 거기서 배리를 키우며 두 사람은 행복한 시간을 보냈다.

1963년, 배리가 두 살 되던 해에 버락이 하와이 대학을 졸업하자 몇 몇 대학에서 초청장을 보냈다. 그 중 하버드 대학도 있었다. 다른 대학들은 가족의 생활비와 학비를 제공했기 때문에 가족이 모두 떠날 수 있었지만 하버드 대학은 버락의 생활비와 학비만 제공했기 때문에 버락 혼자만 갈 수 있었다.

버락은 고민에 빠졌다. 조국 케냐의 미래와 한 가정의 미래 중에서 무엇을 택할 것인가.

"그런 고민이라면 안 해도 돼요."

고민에 잠긴 버락에게 앤이 말했다.

"무슨 말이야?"

"우리 가족들도 소중하지만 당신은 한 부족을 책임져야 하잖아요. 배리랑 저는 여기에 있을 게요."

"……."

"우리가 당신과 케냐에 짐이 되고 싶지는 않아요."

그날 밤, 앤은 버락의 가방을 챙겨줬다.

그리고 다음 날, 버락은 미국 매사추세츠 주 케임브리지

시에 있는 하버드 대학으로 떠났다.

  버락이 떠난 뒤 앤은 아들 배리를 데리고 친정집으로 들어갔다. 상상도 하지 못한 일이지만 앤은 결코 후회하거나 버락을 미워하지 않았다. 버락의 고향인 케냐를 이해하면 모든 것이 용서되는 일이었다.

암스트롱이 손을 흔들었나요?

아버지는 나에게 평범한 사람이 아니었습니다.
아버지는 나에게 신화적인 인물이었습니다.
비록 아버지가 내 곁을 떠난 건 내가 겨우 두 살 되던 해였지만,
아버지는 늘 나와 함께 있었습니다.

1967년, 버락이 하버드 대학으로 떠난 뒤에도 집안에는 변화가 없었다. 배리의 엄마인 앤이 조금 더 바빠졌을 뿐, 배리의 곁에는 늘 은행에 다니던 할머니와 가구사업을 하는 할아버지가 있었다.

"너희 아빠는 어땠는지 아니?"

배리가 엉금엉금 기어다닐 때부터 다섯 살이 될 때까지 할아버지는 틈만 나면 버락에 대한 이야기를 배리에게 들려주었다.

"글쎄요."

다섯 살 배리는 종이를 찢어 노트에 붙이며 퉁명스럽게 말했다.

"힘이 셌어."

"공부도 잘했다고 말씀하실 거죠?"

그동안 할아버지는 버락이 아프리카 케냐에서 최초로 미국으로 유학을 왔고, 또 하와이 대학에서 3년 만에 수석 졸업을 했고, 장학금을 받으며 하버드 대학에 입학했다는 이야기를 들려줬었다. 또 성적이 우수한 학생들에게만 주는 상을 받으러 가면서도 버락은 청바지에 낡은 셔츠를 입고 갈 만큼 자신만만한 사람이라고도 했다.

"하루는 술주정꾼이 주차되어 있는 차를 발로 걷어찼어. 그것을 본 버락이 어땠을 거 같니?"

"그러면 안 된다고 했겠죠."

"네 아빠는 힘이 센 친구였는데도?"

"공부를 잘했으니까 예의 바르게 이야기 했겠죠."

배리는 할아버지에게 눈길조차 주지 않았다.

"멱살을 잡고 그 사람을 집어던졌지. 실이 끊어진 연 알지? 힘없이 어디론가 날아가 버리는 연 말이다. 그 연처럼 사람이 날아가는 건 내 평생에 처음 봤단다."

"……."

배리는 아빠의 이야기를 들을 때마다 뭔가 못마땅한 듯했다. 그 이유를 할아버지는 잘 알고 있었다. 태어나자마자 떠나버린 아버지에 대해 배리가 좋은 생각을 갖기란 쉽지 않았다. 그리고 일을 나가는 엄마와 할머니를 생각하면 한 번도 본 적이 없는 아빠가 미울 수밖에 없었다.

"아프리카에서 왔다고 모든 사람들이 힘이 센 건 아냐. 케냐에서 제일 힘이 센 부족은 마사이족이고, 너희 아빠는 루오족이었지……."

"저도 알아요. 케냐, 루오족, 잘 알거든요."

배리는 방문을 쿵 소리 내어 닫고는 방으로 들어가 버렸다.

"배리!"

방에 들어 온 배리는 침대에 누웠다. 귀에 딱지가 앉을 만큼 들어 온 아빠 이야기였다.

그러나 배리가 이해를 못하는 부분은 아빠가 자신과 엄마를 두고 하버드 대학으로 간 것이었다. 자신을 버려두고 갈

만큼 공부가 중요한 것인지, 대체 공부가 뭔지 배리는 알고 싶었다. 이렇게 아빠를 미워할수록 마음 한 곳에서는 아빠가 보고 싶었다. 특히 밖에서 동네 아이들과 놀다가 무슨 일이 생겨서 할아버지가 달려올 때면 더욱 그랬다. 자신과 할아버지를 번갈아 본 동네 사람들은 전기에 감전이 된 듯 잠시 두 사람의 얼굴을 쳐다보며 말을 하지 못했다. 그 장면이 배리에게는 큰 충격이었다. 늙은 백인 할아버지가 자신의 할아버지고, 자신의 아빠가 흑인이며, 자신의 엄마가 백인이라니. 달려온 할아버지는 이런 가족사를 종종 사람들에게 이야기하곤 했다. 아주 자랑스럽게. 절대 부끄럽지 않은 가족이라는 걸 자신 있게 이야기했다. 그럴 때마다 배리는 머릿속으로 그 많은 가족들을 한 명씩 세워놓고 색칠을 해봤다. 희고, 희고, 희고, 검고, 검고……. 가족이라는 말이 이런 다양한 사람들의 모임인지, 어린 배리에게는 판단이 서지 않았다. 세상에 모든 가족들이 까맣고 하얀색이 뒤섞여 있는지 아니면 배리네 가족만 그러한지. 배리는 아빠의 피부가 정말 자신처럼 까만색인지 궁금했다.

"뭐 하니?"

엄마가 문을 열고 들어왔다.

"지도 봐요."

배리는 얼른 벽에 걸린 세계지도 앞에 가서 섰다.

"또 아빠 생각하니?"

"……."

"아빠는 배리를 보러 꼭 오실거야. 그때 맛있는 거 많이 사달라고 그래. 알았지?"

배리는 엄마 말을 귀담아 듣지 않았다.

"엄마."

"응?"

"엄만 왜 아빠랑 결혼했어?"

"사랑하니까 결혼했지."

"결혼하면 나 같은 검둥이가 나올 거라고 생각 안 해봤어?" 앤은 털썩 침대에 주저앉았다.

며칠 무뚝뚝하게 굴던 배리였다. 그런 배리가 앤이 가장 듣고 싶지 않았던 말을 불쑥 꺼냈다. 앤은 온몸에 소름이 돋았다.

"배리, 검은 피부가 싫으니?"

"……."

"아빠는……."

"공부도 잘하고 힘도 세고, 그래서, 하버드 대학에 장학생으로 갔다는 말 하려고? 그런 거 누가 몰라?"

방 안으로 차가운 파도가 밀려 온 것 같았다.

"배리……."

앤은 손으로 입을 가렸다. 그리고 조용히 눈물을 흘렸다. 언젠가 이러한 일이 있을 거라는 걸 앤도 짐작하고 있었다. 흑인과 백인 사이에서 태어난 아이가 한번 정도는 품어 볼 수 있는 궁금증이었다. 그런 궁금증을 풀어 줄 사람은 아빠인 버락이었다. 그러나 정작 버락은 집에 없었다.

"아빠는 존경해야 할 분이야. 세상 모든 사람들이 비난을 해도 배리, 넌 아빠를 존경해야 한단다."

"피곤해요. 먼저 잘래요."

배리는 이불을 머리끝까지 잡아당겼다.

앤은 방을 나와야 했다.

거실에 있던 할머니와 할아버지가 앤을 안아줬다. 그리고 작은 목소리로 할머니가 앤을 야단쳤다.

"이럴 줄 알았어. 애까지 놔두고 혼자 공부하러 떠나는 바보가 어디 있니? 가정은 중요하지 않다는 거니? 그 검둥이는 처음부터 믿을 수 없었어."

"엄마, 그만하세요."

앤과 할머니는 그 뒤로도 몇 시간째 소파에 앉아 말다툼을 했다.

다음 날에도 분위기는 싸늘했다.

배리는 밖으로 나가지 않았다. 아침 밥도 먹지 않은 채 침대에 누워 이리저리 뒹굴었다.

'하필이면 왜 흑인일까?'

침대 맡에 놓인 사진이 눈에 들어왔다. 아빠와 엄마가 함께 찍은 사진이었다. 두 사람은 행복하게 웃고 있었다.

'어른들의 웃음은 복잡해.'

배리는 어른들의 웃음은 거짓이라고 생각했다. 웃음도 시간이 지나면 불행이 되거나 아예 사라진다는 사실을 배리는 그때 알았다. 아프리카에서 온 검은 별이 엄마를 만나서 잠시 반짝했다고 생각한 배리는 자신 역시 검은 별이 되어 잠시 이 방에서 반짝하다가 사라지는 건 아닐까, 하고 혼자 상상했다. 그것은 드라큘라가 나오는 영화보다 더 무서운 상상이었다.

　배리는 벽에 걸린 세계지도를 봤다. 그곳에서 아프리카 케냐를 찾았다. 그리고 하와이도 찾아봤다. 케냐에서 하와이는 꽤 먼 거리였다. 그 먼 거리를 아빠는 왜 날아간 것일까. 배리는 아빠가 검은 새는 아닐까 상상을 해보기도 했다. 새는 한 곳에 오래 있을 수 없기에 어디에 알을 낳고 다시 어디론가 날아갔을 수도 있으니까.

　"배리, 들어가도 되니?"

　앤이 배리의 방을 노크했다.

　손에 『런던정글북』이라는 그림책을 들고 배리가 앉아 있는 침대 모서리에 같이 앉았다. 그리고 앤은 낮은 목소리로 그림책을 읽어줬다. 인도 화가가 영국 여행을 하면서 겪은 이야기였다. 인도 화가는 난생 처음 본 버스가 큰 사슴처럼 생겼다고 말하기도 하고, 지하철이 큰 풀벌레라고 생각하며 무서워하는 이야기였다.

　책을 다 읽은 앤은 인도 사람이 영국을 낯설어하듯 아프리카 케냐에서 온 아빠도 이곳 하와이를 낯설어 하지 않았겠냐고 말했다. 큰 도시에서 혼자가 된다는 것은 불행한 일이고 아빠도 틀림없이 엄마의 도움으로 하와이에 정착하게 되었을 것이라고 말했다. 그리고 어딘가에서 열심히 공부할 아빠 버락을 위해 배리가 기도해줘야 한다고 말했다.

"사람들은 누구나 혼자야. 하지만 언젠가 가족을 만들고 그 가족의 힘으로 행복하게 살아갈 수 있지. 아빠는 아직도 낯선 도시를 찾아 모험을 하고 있어. 그런 아빠를 우리는 응원을 해줘야 해."

"그 모험은 언제 끝나는데요?"

"배리가 커서 모험을 시작할 즈음이면 아빠의 모험은 끝날 거야."

엄마는 배리를 데리고 밖으로 나갔다.

소파에 앉아 있던 할아버지가 옷을 걸치고 있었다.

"할아버지랑 놀다 오거라."

엄마가 배리에게도 옷을 입혀주었다.

"어디로 가는데요?"

"오늘은 특별한 날이거든. 할아버지가 아주 멋진 것을 보여줄 거야."

"누구 생일인가요?"

"아니."

할아버지가 자동차 키를 들고 배리와 함께 밖으로 나왔다. 할아버지는 마노아 폭포 쪽으로 차를 몰았다. 가는 길에 패스트푸드 가게 아저씨가 횡단보도 앞에서 할아버지에게 손을 흔들었다.

"똑똑한 내 손자야, 잘들 봐둬. 나중에 미국 대통령이 될지도 몰라."

할아버지는 배리를 보며 껄껄 소리 내어 웃었다.

할아버지는 언제나 배리를 이웃 사람들에게 자랑하길 좋아했다. 밤새도록 카페에 앉아 술을 마시며 배리 이야기를 하기도 했다. 큰 소리로 버럭 칭찬할 때도 있었다. 이런 할아버지의 성격을 배리는 도무지 이해할 수 없었다.

그러나 그것은 어린 배리의 생각일 뿐, 할아버지는 달랐다. 할아버지는 사람 사귀기를 좋아하고 사람들과 어울려 놀기를 좋아했다. 그리고 한번 인연을 맺은 사람들에 대해서는 늘 긍정적으로 말했다.

"여기란다."

할아버지는 북쪽 해변이 아주 잘 보이는 마노아 폭포 위에 차를 세웠다. 키가 큰 할아버지는 손목시계를 들여다보며 서 있었다.

"무슨 일이에요?"

"오늘이 무슨 날인줄 아니? 달에 갔던 사람들이 귀환하는 날이란다."

"아폴로 우주선요?"

배리도 텔레비전에서 본 거 같았다. 미국 암스트롱이 세계 최초로 달에 착륙하고 지구로 돌아오는 날이었다.

"그렇단다."

할아버지는 계속 시계를 들여다보며 혼자 중얼거렸다. 배리가 태어나던 날 모기를 쫓기 위해 선풍기를 켜 놓았다는 말도 했고, 하루라도 빨리 배리를 데리고 바다로 가고 싶어서 발을 동동 굴렀다는 말도 했고, 배리가 태어나던 날 횟집에 가서 한 턱 냈다는 말도 했다. 마지막에는 쓴 웃음을 지으면서 할아버지와 같이 전국을 떠돌아다니지 말고 한 곳에 정착해서 잘 살아야 한다는 말도 했다.

"저기 봐!"

할아버지가 배리에게 소리쳤다.

"엇!"

캄캄한 하늘에서 빛이 지구를 향해 날아왔다. 점점 가까워지면서 그것이 우주선임을 알 수 있었다.

"보이니?"

"뭐요?"

"우주선에 탄 사람이 너에게 손을 흔들잖아."

"정말요?"

배리는 눈을 동그랗게 뜨고 환하게 밝은 우주선을 쳐다보았다. 아무리 눈을 크게 떠도 우주선에서 자신을 향해 손을 흔드는 사람은 볼 수 없었다.

"너도 저렇게 이 할아비에게 왔단다. 너의 모험은 이제부터 시작이다, 배리."

"……."

"너의 멋진 항해를 위해 이 할아비와 네 엄마는 모든 준비를 다 했단다. 아주 오래전부터 말이다."

할아버지는 잠시 고개를 떨어뜨렸다. 돌이켜 생각해보면

자신의 삶도 모험의 연속이었다.

"……."

"배리?"

"네."

"넌 꿈이 뭐니?"

"꿈? 글쎄요."

"사람은 꿈이 있어야 한단다. 대통령 같이 큰 꿈 말이다. 배리, 이 할아버지가 네 꿈을 지켜 줄 테니 멋진 꿈을 키워 보아라."

"흑인도 대통령이 될 수 있나요?"

"그럼, 흑인라고 못 할 게 있니? 너희 아빠를 봐라. 케냐에서 처음으로 하버드 대학까지 다니지 않니. 안 된다고 생각하는 순간 모든 꿈은 부서지기 마련이란다."

"여긴 케냐가 아닌 데도요?"

"어느 곳이든 모든 꿈은 이루어진단다. 흑인이든 백인이든, 돈이 많든 돈이 적든, 그 꿈을 위해 얼마나 열심히 하느냐가 문제지. 다른 어떤 것도 꿈을 훼방 놓지는 않는단다."

"그럼, 저도 대통령이 될래요."

"그래, 배리! 넌 이 나라의 대통령이 될 거야. 이 할아비가 증인이 되었으니, 분명히 될 거야."

검은 하늘을 가로지르던 우주선은 이제 보이지 않았다. 그래도 할아버지와 배리는 한참을 그 자리에 서 있었다. 배리는 앞으로 자신에게 다가올 미래가 어떤 것인지 살짝 들여다본 것 같기도 했다. 아프리카만큼이나 캄캄한 하늘을 떠다녀야 한다는 것과 외롭거나 희망이 안 보인다며 투덜대면 자기 곁에 있는 가족들이 자신의 뒤통수를 때릴 것 같다는 것이었다.

인도네시아로 간 오바마

엄마는 항상 정직하라고 하셨습니다.
엄마는 항상 공평해야 한다고 하셨습니다.
엄마는 항상 스스로 판단하라고 하셨습니다.

할머니와 할아버지가 부산스러웠다. 서점에서 사온 세계지도를 펼쳐놓고 인도네시아의 수도 자카르타를 찾고 있었다. 소파에 앉아 있던 앤이 박수를 치며 웃었고, 배리는 영문도 모른 채 세계지도 위를 펄쩍거리며 뛰어다녔다.

"여기야! 여기가 자카르타야!"

"열대우림지역이라 모기도 많을 거야."

할머니가 하와이에서 자카르타까지 손바닥으로 거리를 재보고는 고개를 흔들었다.

"여긴 너무 멀어. 챙겨가야 할 게 한두 가지가 아닐 걸."

"준비해뒀어요."

앤은 여행용 가방을 가져와서 열어보였다. 그 속에는 모기향과 설사약, 해열제 등 온갖 의약품들이 들어있었다. 또 배리의 재킷과 배리가 좋아하는 땅콩쿠키도 보였다.

"이 사람들은 아직도 호랑이를 잡고, 집 근처에서 오랑우탄도 볼 수 있다네."

할아버지는 책까지 사온 모양이었다.

인도네시아의 풍습과 정치, 경제 등 할아버지는 밑줄까지 그어가며 소리 내어 읽었다.

이 모든 변화의 시작은 앤이 인도네시아인과 재혼을 하기로 했기 때문이었다. 재혼하는 남자는 롤로 소에토로라는 인도네시아 교환 대학생이었다. 앤과 결혼을 약속하고 데이트를 하던 롤로는 갑자기 자카르타로 돌아가게 되었다. 당시 인도네시아는 수하르토가 쿠데타를 진압한 뒤 대통령이 되어 있었다. 당시 롤로는 수카르노 대통령에 의해 장학생으로 유학을 갔으나 수하르토가 쿠데타로 대통령이 되자 많은 어려움을 겪어야 했다. 결국 롤로는 여권이 취소되어 어쩔 수 없이 인도네시아로 귀국하여 1년 동안 강제로 군대를 가야 했다.

배리도 살짝 흥분된 듯 보였다.

"인도네시아가 어디지……."

한 번도 가보지 못한 나라에 대한 막연한 동경심에 배리는 잠을 설쳤다. 호랑이를 볼 수도 있다는 할아버지의 말에 배리는 이불을 뒤집어쓰고 자야했다. 동물원에서나 볼 수 있는 호랑이가 집 근처를 어슬렁거린다면 정말이지 큰일이었다. 그리고 배리가 이불을 뒤집어쓰고 잤던 이유가 또 하나 있었다. 그것은 자신을 낳고 떠나버린 버락을 어떻게 이해해야 하는가, 하는 문제였다. 가족들이 아빠에 대해 침이 마르도록 칭찬을 했건만, 갑자기 인도네시아로 새 아빠를 만나러 간다는 건 자신에게 큰 혼란을 주었다. 이때부터 배리는 각자 살아가는 방식이 있다는 걸 알았다. 아빠는 케냐에 살고, 롤로는 인도네시아에 살고.

앤은 배리를 앞혀놓고 롤로에 대해 이야기를 해줬지만 아빠 버락과 마찬가지로 일방적인 이야기일 뿐이었다. 배리가 네 살 때부터 여섯 살 때까지 롤로가 집으로 와서 할아버지와 체스를 두며 친분을 쌓아갈 때도 엄마는 할아버지 앞에 앉은 동양계 사람을 그냥 멋진 사람이라고만 소개했다. 시간이 흐르면서 결혼 이야기가 나왔을 즈음 배리가 큰 소리로 친구 레이는 어떻게 하냐고 말했을 때, 할아버지와 롤로는 크게 눈을 뜬 채 서로를 번갈아 쳐다보았다. 말이 그렇게 나왔을 뿐 친구 레이를 두고 하와이를 떠나는 것보다 정작 배리가 하고 싶은 말은 아빠 버락을 두고 가버리면 어떻게 하냐는 하소연이었다. 앤은 배리에게 아빠는 언제든지 연락할 수 있다고 말했다. 아빠는 공부하느라 배리가 어른이 되기 전에는 하와이든 자카르타든 오기 힘들다고도 말했다. 배리는 엄마에게 롤로를 사랑하느냐고 물었다. 엄마는 턱을 덜덜 떨며 배리를 꼭 껴안았다. 배리로서는 알 수 없는 일이었다. 사랑은 변하고, 변하는 엄마의 사랑에 따라 자신이 케냐를 알아야 하고 또 인도네시아를 알아야 한다는 건 분명 잘못되었다고 생각했다. 그렇다고 엄마 혼자 인도네시아로 떠나도록 내버려둘 수 없었다. 어린 나이었지만 엄마에게 자신이 얼마나 소중한지 배리는 너무나 잘 알고 있었다.

롤로가 인도네시아로 떠난 지 1년 뒤에 앤과 배리도 인도네시아로 가게 되었다. 마침내 인도네시아 여행이 시작된 것이었다.

배리는 서둘러 친구들을 모아놓고 작은 파티를 열었다. 그리고 책장을 뒤져 아빠가 두고 간 책들을 할아버지의 서랍 깊숙한 곳에 숨겨두었다. 언젠가 어른이 되어 다시 하와이에 온다면 이것들을 읽어볼 참이었다.

☆

마침내 팬암 제트기를 타고 인도네시아로 향했다. 지도에서만 보던 태평양이 한눈에 들어왔다.

비행기를 처음 탄 배리는 구름 속으로 날아간 비행기가 조금 흔들리자 앤의 팔에 안겼다.

"엄만 기분 좋아?"

"글쎄……. 넌?"

"무서워."

"무서울 거 없어. 이 엄마만 믿어."

배리는 인도네시아에 도착할 때까지 엄마의 팔을 놓지 않았다. 낯선 인도네시아가 무섭고, 빠르게 날아가는 비행기

도 무서웠다.

"왔구나!"

비행기가 자카르타에 도착해서 출구를 빠져나가자 롤로가 기다렸다가 두 손을 번쩍 들었다. 키가 작고 갈색 피부의 새 아빠였다.

"비행기 멀미는 하지 않았니?"

롤로가 배리에게 말했다.

"네."

"여기가 인도네시아의 수도 자카르타란다. 배리, 환영한다!"

롤로가 준비한 차에 짐을 싣고 자카르타 시내로 들어갔다. 먼지들이 뒤덮인 도시에 자동차들이 무질서하게 달리고 있었다. 바퀴가 세 개 달린 삼륜차도 있었고, 수십 대의 자전거가 곡예를 하듯 자동차 사이로 달리기도 했고, 길 양 옆으로 커다란 활엽수들이 빽빽하게 줄을 서 있기도 했다. 그 중에 배리의 시선을 잡아챈 건 높은 담장과 널빤지로 만든 초소였다.

"저건 뭐죠?"

"쿠데타가 남긴 유물이지."

롤로는 앤과 쿠데타, 그리고 수카르노 대통령에 대해 이야기를 주고받았다. 배리가 끼어들기에는 너무 어렵고 무서운 이야기였다.

차가 도착한 곳은 자동차 바퀴가 푹푹 빠지는 진흙길 끝이었다. 도시에서 꽤나 떨어진 곳에 흙과 타일로 지어진 집이 배리를 기다리고 있었다. 그 집에는 유인원을 키우고 있었다. 하와이에서 태평양을 건너 인도네시아에 왔다는 느낌을 제일 강하게 준 것이 바로 유인원을 집에서 볼 수 있다는 것이었다.

"배리, 나갈 준비를 하거라."

롤로는 앤과 배리를 데리고 동네 구경을 시켜주기로 했다.

하와이에서는 보지 못한 풍경들이었다. 논과 밭이 파도가 치듯 산을 향해 기어오르고 있었다. 진흙길에는 죽은 쥐가 묻혀있었고, 가로수에는 비쩍 마른 까마귀들이 까맣게 앉아 기괴한 울음소리를 내고 있었다. 논에서 일하는 사람들은 대부분 허리를 펴지 않은 채 나무처럼 서 있었고, 롤로가 걸어가자 하인들이 머리를 숙여 인사를 하곤 했다. 그 중 한 하인은 집 뒤에서 닭과 큰 칼을 들고 서 있었다.

"주인님."

롤로가 가까이 가자 집 뒤에 있던 하인이 롤로를 불렀다.

롤로는 천천히 고개를 끄덕였다. 그러자 한 손에는 닭, 한 손에는 칼을 들고 있던 하인이 칼을 치켜들더니 닭의 목을 잘라버렸다.

"세상에! 여보, 배리도 있잖아요."

앤이 배리의 눈을 가렸다.

"남자라면 자기가 먹는 음식이 어떻게 만들어지는지 알아야지. 배리, 안 그래?"

롤로는 아주 자상한 표정으로 배리를 쳐다봤다.

"……"

배리는 어떤 말을 해야 할지 몰랐다. 야구방망이로 머리를 얻어맞은 기분이었다. 하와이에서 단 한 번도 보지 못한 일이었다. 칼로 닭 모가지를 내리친 게 문제가 아니었다. 닭의 모가지를 내리치는 그 하인과 롤로의 이상야릇한 웃음이 문제였다. 어떤 감정도 찾아볼 수 없는 그 두 사람이 남자라는 말을 했을 때, 배리는 뒷걸음질을 치고 말았다. 그러면서 할아버지가 이야기하던 아빠 버락에 대한 칭찬들, 그 속에 아빠는 힘이 세다, 라는 말을 떠올렸다. 버락은 힘이 셀 뿐이지 자신 앞에서 닭의 목을 내리치지는 않았다.

그날 저녁 배리는 식탁에 앉아 식사를 했다. 목이 달아난 닭이 요리가 되어 식탁에 올라와 있었다. 배리는 닭요리 쪽으로 눈을 돌리지 않았다.

배리에게 불어 닥친 환경의 변화는 이것으로 끝이 아니었다.

다음 날, 배리는 집 앞에서 축구공을 가지고 놀았다. 그런데 배리보다 나이가 많은 소년이 나타나서 배리의 축구공을 가지고 달아나버렸다. 배리는 당황스러워 입을 벌린 채 잠시 그 소년을 보고만 있었다. 그러다가 축구공을 되찾아야겠다는 생각에 그 소년을 뒤쫓았다.

"내 공이야!"

배리가 소리쳤다.

"언제부터?"

달리던 소년이 뒤돌아서서 말했다.

"엄마가 사줬단 말이야!"

"처음부터 네 공은 이 세상에 없어. 이제부터 내 공이야."
소년은 축구공을 길에 퉁퉁 튕겼다.
"그런 게 어딨어!"
"여긴 그래."
"그건 나쁜 짓이야."
배리의 말이 끝나기 무섭게 소년은 돌을 주워 배리에게 던졌다. 돌은 정확하게 배리의 머리로 날아왔고, 배리는 머리에 주먹만 한 혹을 달게 되었다.
배리는 옷에 진흙을 묻힌 채 집으로 돌아왔다. 롤로가 마당에서 오토바이를 고치고 있었다.
"무슨 일이니?"
롤로는 대수롭지 않게 물었다.
"돌에 맞았어요."
"돌?"
흘끔 배리의 머리를 본 롤로는 하던 일을 계속 했다.
"어떤 애가 축구공을 가지고 도망가면서 돌을 던졌어요. 나쁜 일이라고 해도 그냥 웃어버리던걸요."
"넌 어떻게 했니?"

배리는 대답을 하지 않았다. 할아버지나 엄마 같으면 당장 그 소년을 찾아 야단쳤을 텐데, 롤로는 얼음같이 차갑게 따져 묻고 있었다.

"넌 남자야. 남자는 자신을 보호할 줄 알아야 한다. 자신을 보호할 줄 아는 남자가 가정을 보호할 줄 아는 거야."

배리는 얼굴이 붉게 타올랐다. 어제 닭 모가지가 달아나던 일이 떠오르면서 롤로를 피하고 싶었다.

"피는 안 나잖아."

롤로는 소독약을 가지고 와서 발라줬다.

그날 밤 배리는 잠이 오지 않았다. 하와이에서 본 인자한 롤로가 아니었다. 엄마도 달라졌다. 하와이에서보다 훨씬 바빴다.

배리는 자카르타에서 혼자가 된 기분이었다. 언젠가 발가벗은 채 호랑이 앞에 설지도 모른다고 생각했다.

아침 일찍 시내로 나갔던 롤로가 돌아와서 배리를 불렀다. 그의 손에 글러브 두 개가 있었다. 그 중 하나를 배리에게 줬다.

"같이 권투를 해보자."

롤로는 글러브를 꼈다. 배리도 손에 글러브를 꼈다.

"자, 날 쳐봐."

배리는 어리둥절한 표정으로 롤로를 쳐다봤다.

"팔을 올려! 귀밑에까지 팔을 올려서 날아오는 주먹을 막아야지. 이렇게, 이렇게……."

롤로는 두 팔을 뺨에 붙인 채 허리를 빙빙 돌리며 앞뒤로 움직였다. 배리도 롤로를 따라 글러브를 두 뺨에 붙인 채 허리를 숙였다.

"좋아. 그렇게 하는 거야. 이제 글러브로 날 때려봐."

"정말요?"

"당연하지. 세상에는 자기편이 누군지 아무도 몰라. 일단 자기 앞에 적이 나타나면 주먹을 날려서 상대편의 힘을 알아보는 게 우선이야."

배리는 롤로를 향해 주먹을 날렸다.

"좋아."

롤로는 살짝 고개를 숙여 배리의 주먹을 피했다. 배리가 좀 더 앞으로 다가오자 슬쩍 얼굴을 앞으로 내밀었다가 뒤로 빠지면서 싱긋 웃기도 했다. 그 얼굴에서 배리는 1년 전에 자신의 집에서 할아버지와 같이 체스를 두던 롤로의 진지한 얼굴을 찾아냈다. 그 순간 배리는 롤로가 나쁜 사람이라는 생각보다는 어딘가 모르게 친숙한 아저씨 같다는 생각을 했다. 자신 앞에 글러브를 끼고 있지만 진정한 의미에서 적은 아니었다.

"뭐 하니?"

"팔이 짧아서 힘들어요."

배리는 팔을 내리고 글러브를 벗었다.

그때였다.

롤로의 글러브가 배리의 얼굴에 와서 정통으로 꽂혔다.

"악!"

배리가 쓰러졌다.

쓰러진 배리는 물끄러미 롤로를 쳐다봤다. 그리고 이건 배신이자 비겁한 행동이라고 속으로 외쳤다. 자신은 보잘 것 없는 아이라고도 외쳤다. 그러나 그 말들은 입 밖으로 나오지 않았다.

"위험은 언제나 널 기다리고 있는 거야. 뒷산 호랑이도 널 기다릴지도 몰라. 항상 방심하면 이런 일이 벌어진다는 걸 명심해라. 세상은 호락호락한 곳이 아니란다."

이렇게 말하고 롤로는 집 안으로 들어가 버렸다.

밤에 배리는 하와이에 있는 할아버지에게 롤로와 권투를 하면서 있었던 이야기를 편지에 썼다. 여긴 미국이 아니라는 말도 썼다. 뒷산에 호랑이가 자신을 기다리고 있을지 모른다는 롤로의 말도 썼다. 그러면서 조금씩 강해지는 자신을 발견한 것 같다며 편지를 끝마쳤다.

☆

그날 이후 배리는 밖으로 나가 동네 사람들과 어울렸다. 농부들과도 곧잘 어울렸고 닭 모가지를 내리치던 하인들과도 장난을 치며 놀았다. 귀뚜라미를 잡기 위해 들판을 내달리기도 했고, 동네 아이들과 언덕에 올라가서 연싸움을 하기도 했고, 어스름이 질 때면 서너 명씩 모여 메뚜기를 구워 먹기도 했다.

롤로도 곧잘 배리를 데리고 동네를 산책하곤 했다. 사람들이 배리를 보고는 먼 친척인지 묻곤 했지만 그때마다 롤로는 자신의 아들이라고 당당하게 말했다. 배리와 롤로는 권투를 하고 난 다음부터 좀 더 친한 사이가 되었다.

롤로의 이런 태도는 그리 오래가지 않았다.

언젠가부터 롤로와 앤은 대화가 없었다. 하와이 대학에서 지질학과를 졸업한 롤로는 자카르타로 온 다음부터 측량 일을 하다가 서서히 정부 일을 하기 시작했다. 자신이 싫어하던 사람들과 어울려 술집에서 정치를 흥정하기도 했고, 석유 쪽 일에 깊숙이 관여하기도 했다. 그래서일까. 롤로는 밤이면 집을 빙빙 돌며 깊은 생각에 빠져있기 일쑤였다. 또 베개 밑에 권총을 놓아두고 잠을 잤다.

이런 롤로의 행동을 앤은 이해할 수 없었다.

"당신 요즘 왜 그래요?"

"별일 아니요."

롤로는 퉁명스럽게 말할 뿐, 이유에 대해서 이야기하지 않았다.

"총을 베개 밑에 두고 자는 데도요?"

"신경 쓸 거 없어요."

"이유가 있을 거잖아요."

생각에 잠겨 있던 롤로가 앤을 쳐다봤다.

"당신과 배리를 위해서 이러는 거요."

"배리를 위해서 총을?"

"자카르타는 군인들이 점령한 도시요. 그들과 친하게 지내지 않으면 먹고 살기 힘든 곳이요. 무슨 일이 있을지 모르니……."

"그래서 당신은 자존심을 버리고 군인들과 같이 나쁜 짓을 하는 것이군요."

"나쁜 짓이지만 어쩔 수 없는 일이요. 여기에서 일단 살아 남아야잖소."

"자존심을 팔아가며 살긴 싫어요. 배리는 제가 벌어서 키울게요."

앤은 일을 나가기로 했다.

미국대사관에서 영어를 가르치는 일이었다. 미국대사관으로 배리가 찾아오기도 했다. 그곳에서 배리는 미국이라는 나라의 힘이 얼마나 강한 것인지 처음 알았다. 자신이 사용하고 있는 영어가 인도네시아에서는 큰 가치가 있는 말이라는 것도 처음 알았다.

"너도 영어를 열심히 배워야 해."

앤은 새벽 4시에 배리를 불러서 하루에 3시간씩 영어 공부를 가르쳤다. 새벽에 일어나 하는 공부를 배리는 싫어했다. 그래서 늘 잠이 부족하다고 투덜댔고, 새벽 공부는 정말이지 지옥이라고 하와이에 있는 할아버지에게 편지를 썼다.

이 지옥 같은 공부를 앤이 계속 시키는 데는 나름대로 이유가 있었다. 자카르타에서의 교육이 앤의 마음에 들지 않았다. 미국만큼 품질 좋은 교육이 아니라 시간만 축내는 교육이라고 판단했다.

앤은 고민에 빠졌다. 시큰둥한 롤로, 엉망진창인 배리. 앤의 가슴 깊숙한 곳에서는 지금 당장이라도 인도네시아를 떠나야한다고 외치고 있었다.

여기에 앤을 더욱 화나게 한 사건이 있었다.

어느 날, 날이 어두워질 즈음 배리가 팔에 젖은 양말을 감고 집으로 왔다. 배리가 수돗가로 가서 손을 씻고 있었다. 멀리서 이 모습을 본 앤이 다가왔다.

"왜 그러니?"

"어떤 거요?"

배리가 몸을 돌렸다.

"팔!"

배리는 자신의 팔을 내려다보며 희미하게 웃었다.

"피가 나는데?"

"놀다가 넘어졌는데 철조망에 찔렸어요."

"아프지 않니?"

"살짝······."

배리는 롤로가 있는 방을 흘끔 쳐다보았다. 험한 세상을 살아가다보면 이 정도 일은 남자로서 아무것도 아니라고 할 게 뻔했다.

"살짝 인지 어떤지 좀 보자."

앤이 배리의 팔을 살폈다. 양말로 묶어놓은 곳을 풀자 피가 왈칵 쏟아졌다.

"세상에! 배리, 배리! 어쩜 이럴 수 있니? 이게 살짝이니?"

앤은 방으로 뛰어갔다.

"차를 구해줘요. 배리가 많이 다쳤어요."

"어디, 좀 보자."

방에서 나온 롤로는 배리의 팔을 살핀 뒤, 잠시 배리의 얼굴을 봤다. 배리도 롤로의 눈을 의식했는지 싱긋 웃어보였다.

"내일 아침에 병원으로 갑시다. 지금은 차를 구하기도 힘들어요."

이 말에 앤은 화를 냈다.

"이렇게 크게 다쳤는데 내일이라는 말이 나오세요? 당신 어떻게 된 거 아니에요? 배리, 조금만 참아라, 엄마가 차를 알아보마."

앤은 이웃집으로 달려갔다.

모든 것은 순식간에 일어났다. 다시 돌아온 앤은 차를 빌려서 문 앞에 대기시켜 놓았다.

"타라, 배리!"

앤은 롤로를 본체만체하고 배리를 차에 태워 병원으로 향했다. 앤의 머릿속은 암흑처럼 까맣게 변해있었다. 처음 인도네시아로 오면서 가졌던 많은 것들이 조금씩 금이 가고, 깨지고 있었다. 그 많은 것들 중에서 배리만큼은 다쳐서는

안 된다고 생각했다.

앤이 배리를 업고 병원에 들어섰다.

병원은 불이 꺼져 있었다. 앤은 배리를 업은 채 텅 빈 복도를 달렸다. 문이란 문은 다 열어보았다. 병원에 아무도 없는 것 같았다. 한참 뒤, 어느 작은 방을 열자 방 안에서 빛이 쏟아져 나왔다. 그 방에는 트렁크 팬티를 입고 도미노 게임을 하는 젊은 의사 둘이 있었다.

"애를 좀 봐주세요. 팔을 다쳤어요."

앤의 간곡한 목소리에도 의사들은 돌아보지 않았다.

"애가 다쳤다니까요. 심각해요."

트렁크 팬티를 입은 한 남자가 나와서 배리의 팔을 들여다봤다. 그리고는 다시 방 안으로 들어가서 게임을 계속 했다.

"세상에! 사람이 다쳐서 왔는데 게임이라니!"

앤이 버럭 소리를 질렀다.

"조금만 기다려보세요. 금방 끝날 겁니다."

의사 두 사람은 얼굴 가득 웃음을 달고 게임에 열중했다.

"세상에……."

자정이 다 되어서야 배리는 상처를 치료받을 수 있었다.

그날 배리는 팔에 스물 바늘을 꿰맸다.

☆

이 일로 앤은 물론 배리도 적잖은 충격을 받았다. 남편인 롤로에 대한 믿음이 무너진 것은 당연한 일이었고, 앤은 배리의 교육을 위해서라도 자카르타를 떠나야 한다고 마음을 굳혔다. 앤이 이런 마음을 먹게끔 만든 사람은 점점 심각해져가는 롤로였다.

시간이 갈수록 롤로는 자카르타에 있는 부자들과 돈을 벌기 위해 위험한 일들을 하고 있었다. 세무서 직원들이 집안을 뒤집어놓기도 했다. 그러면서도 롤로는 앤이 미국인이기에 죄를 지어도 큰 벌은 받지 않는다고 빈정거렸다. 자신은 나쁜 일을 해서 감옥에 가더라도 앤과 배리는 미국인이기에 인도네시아 법정에 서지 않는다는 말도 했다.

"우리가 살아갈 수 있는 건 부정부패와 손을 잡는 길 밖에 없소. 당신만 고귀하고 진실한 게 아니요. 나도 바르게 살고 싶소. 하지만 그때가 지금은 아니요."

롤로는 종종 이렇게 변명을 하기도 했다.

부정부패로 썩어버린 인도네시아에서 혼자 정직하게 살아봐야 별 볼일 없다는 말이었다.

엄마 앤은 배리를 조용히 불렀다.

"넌 정직해야 한다. 세상이 아무리 험난하더라도 너만은 정직해야 한다. 네 아빠 버락은 언제나 정직한 사람들 편에 섰고, 지금도 정직하게 살아간단다."

인도네시아에서 버락에 대해 이야기를 듣는다는 건 배리에게 적잖은 충격이었다.

"네 아빠 버락은 너에게 위대한 유산을 물려줬다. 그것은 흑인이 아니라 정직이다."

앤의 눈에서 눈물이 맺히기 시작했다.

"꿈을 위해 나쁜 짓을 해서는 안 된다. 그때부터 꿈은 꿈이 아니라 죄가 된다. 자기도 모르게 달콤한 꿈을 쫓다보면 어떤 게 나쁜 것인지 잃어버리기도 한단다. 늘 자신이 가고 있는 이 길이 올바른 길인지를 두드려보면서 살아야 한다."

"네, 엄마."

앤은 다음날 마하리아 잭슨의 레코드판과 마틴 루터 킹 목사의 연설집을 배리에게 선물로 사왔다.

배리는 그날부터 마틴 루터 킹 목사의 연설집을 읽기 시작했다. 연설집의 내용은 이러했다.

1955년 12월, 몽고메리에서 로자 팍스라는 흑인 여성이 버스에서 백인 남자에게 자리를 양보하지 않아 체포당하는 사건이 일어났다. 마틴 루터 킹 목사는 이 사건을 계기로 몽고메리 버스에서의 인종차별 반대운동을 지도했고, 1956년에는 미국 연방 최고 재판소에서 버스 내 인종 분리법이 위헌이라는 판결을 얻어냈다. 그 이후 마틴 루터 킹 목사는 애틀랜타의 침례교회 목사로 있으며 미국 각지의 인권운동을 지도했다. 그리고 1963년 4월 12일 앨라배마 주 버밍햄에서 열린 항의 시위에서 스스로 경찰에 체포되었다. 이 해 워싱턴 대행진 때 링컨기념관 앞에서 했던 〈나에게는 꿈이 있습니다〉라는 연설은 인종 차별의 철폐와 인종간의 공존이라는 사상을 호소해 폭넓은 공감을 불러 일으켰다. 그러나 베트남 전쟁 반대 운동을 한창 진행 중이던 1968년 4월 4일, 테네시 주 멤피스의 한 모텔 발코니에서 암살되었다.

배리는 여기서 책을 덮지 않았다. 가톨릭학교 도서관을

샅샅이 뒤져 흑인의 역사에 관한 책을 모조리 구해 읽었다. 그 즈음에 엄마가 딸 아이 마야를 낳아서 집안이 어수선했지만, 배리가 책을 읽을 때 지장을 주지는 않았다.

흑인은 탐험을 시작한 백인들이 개척지에 인디언들이 없어지자 아프리카에서 많은 흑인들을 노예로 사다가 채찍으로 때리면서 위험한 일들을 시켰다. 백인들은 총칼로 빼앗은 개척지에 새로운 도시를 만들기 위해 약 300년 동안 1,200~1,500만 명의 아프리카 흑인들을 잡아 와서 팔았다. 여기에다 약 150만 명의 흑인 노예가 배에 실려 가는 도중에 죽었다. 잡혀 온 흑인 노예들은 혹독한 생활을 견디다 못해 도망가기가 일쑤였고 물건을 훔치거나 혹은 주인을 살해하는 경우도 있었다. 흑인들 사이에서 반란의 조짐이 보이면 백인들은 가차 없이 그들을 고문하거나 교수형에 처했다. 1740년, 사우스캐롤라이나에서 백인에 반대하는 흑인들의 계획이 나돌자 백인들은 50명의 노예들을 체포하여 목매달아 죽였고, 그들의 머리를 장대에 달아 도시 한복판에 세워 뒀다. 미국 남부의 면화농장에서는 주로 흑인 노예를 고용해 일을 시켰는데 이곳 흑인들은 사슬에 묶인 채 하루 16시간 이상의 노동에 시달렸다. 흑인 노예들이 도망치면 사냥개를 풀어 물어 죽이거나 총으로 쏘아 죽였고, 붙잡힌 노예에게 채찍질을 하거나 도망을 가지 못하도록 발을 자르기도 했다.

"세상에!"

배리는 며칠째 밥을 먹지 않았다. 자신의 아버지의 고향, 케냐에서 건너온 노예들의 이야기였다. 그들 중에는 아빠의 이웃도 있을 것이고, 먼 친척도 있을 것이었다. 노예로 팔려 온 흑인들 중에 이웃과 친척이 없더라도 그들은 모두 죄가 없는 착한 아프리카 사람들이었다. 고향에서 자식을 낳고 키우며 행복하게 지내던 사람들이 하루아침에 쇠사슬에 묶여 시장에 팔리는 고등어 신세가 된 것이었다.

"나쁜 사람들!"

배리는 아프리카에서 흑인을 잡아와서 노예로 팔던 사람들이 싫었다. 그래서인지 그날부터 꿈에 벼락을 잡아가는 롤로가 등장했다. 그럴 때면, 안 돼! 하고 소리를 지르며 꿈을 깨곤 했다.

배리는 가끔 롤로의 방에서 이상한 잡지를 보았다. 그 중 배리의 눈길을 끄는 잡지책이 있었다. 자신의 피부를 벗겨 내려고 하는 어느 흑인의 사진이 실린 『라이프』 잡지였다. 배리는 그 잡지를 보는 순간 큰 충격에 빠졌다. 이것은 자카르타에 오자마자 이유 없이 돌을 맞았을 때보다 더 큰 충격이었다.

'흑인이 왜……'

배리는 발가벗은 채 욕실로 들어가서 거울 앞에 섰다. 배리는 『라이프』 잡지를 든 채 자신의 몸을 살폈다.

'흑인이 왜 부끄러워야 하지?'

책에서 본 흑인 노예들이 떠올랐다. 그 흑인들의 맨 끝에 배리가 서 있는 것 같았다. 그리고 자기 앞에 『라이프』 잡지에 나온 그 흑인이 백인인 척 슬그머니 빠져나가려고 하는 것 같았다. 목덜미를 붙들긴 했지만, 배리는 그 사람에게 무슨 말을 할 수가 없었다. 이 길은 분명히 좋지 않은 길이었다. 이 길의 끝에는 큰 배가 기다릴 것이고, 그 배를 타면 노예로 뉴욕 한복판에 설 것이었다. 살찐 돼지를 고르듯 백인

들은 흑인들에게 입을 벌려보게 할 것이며, 치아가 고르고 나이가 젊은 흑인은 좋은 가격에 팔려나가서 죽을 때까지 밭을 매거나 공사판에서 벽돌을 날라야 했다.

'배리, 난 이 배에 탈 순 없어. 난 백인이 될 거야.'

『라이프』잡지에 실린 백인 같은 흑인이 이렇게 말하는 거 같았다.

'자네도 흑인이 싫다면, 나와 같이 피부를 벗겨봐.'

배리는 샤워기로 몸에 물을 뿌렸다.

자신도 모르게 손으로 몸을 문질렀다.

뻘겋게 달아오른 몸에서 피가 났다.

그래도 백인의 하얀 피부는 되지 않았다.

배리는 샤워기를 껐다.

그리고 조용히 욕실에 누워 천장을 올려다봤다.

물방울들이 배리를 향해 달려들 기세로 매달려 있었다.

배리는 불안했다.

저 수많은 물방울들을 피할 수 없을까?

배리는 눈을 감았다. 물방울도, 백인 같은 흑인도 보이지 않았다. 그리고 스르르 욕조에서 잠이 들었다.

"배리, 뭐 하니?"

엄마가 밖에서 불렀다.

"……."

"배리, 어서 나와 봐. 엄마가 할 얘기가 있다."

잠을 깬 배리가 욕실에서 나왔다.

"내일 당장 하와이로 돌아가자."

"네? 내일요?"

당황스러운 건 배리였지만 정작 얼굴이 붉게 변한 건 엄마였다.

"여긴 네가 있을 곳이 못되는구나. 여긴 답답한 사람들이 답답한 일만 해서 숨이 막혀!"

"엄마도 같이 가는 건가요?"

"할머니에게 다 얘기 해 놨다. 우선 네가 먼저 가서 공부를 하면 곧바로 마야랑 엄마가 갈게. 여긴 네가 있을 곳이 못돼. 이것만은 확실해."

엄마는 울음을 터뜨렸다.

"엄마……."

배리는 영문을 몰랐다. 뭐가 어떻게 되는지 알 수 없었다.

병원에서 치료를 받고 오는 길에 엄마는 비슷한 이야기를 혼잣말로 중얼거렸다. 뭐 하나 제대로 된 게 없다고. 그러나 이렇게 쉽고 빨리 인도네시아를 떠나는 건 왠지 마음이 놓이지 않았다.

"걱정 마. 배리, 넌 네 아빠만 믿어."

다시 하와이

할머니는 미국의 조용한 영웅들 가운데 한 명이었습니다.
이름이 신문에 실리지는 않지만
그들은 매일 매일 열심히 살아가고 있습니다.

하와이 공항에 내린 배리는 크게 숨을 들이마셨다. 여기가 고향이라는 생각이 어린 배리를 한껏 들뜨게 만들었다. 그러면서 자신에게도 고향이 있다는 사실에 뿌듯함을 느꼈다.
"배리, 환영한다!"
할머니와 할아버지가 손을 흔들고 있었다.
"할아버지!"
배리는 할아버지를 향해 뛰어갔다. 할아버지가 배리를 번쩍 들어 올리자 할아버지의 머리카락을 만지작거리며 원숭

이처럼 잉잉 소리를 냈다. 머릿속에 셀 수 없이 많은 이야기 보따리들이 있었지만 정작 할아버지를 만나고 나니 생각이 나지 않았다.

"오랑우탄 봤니?"

할아버지가 물었다.

"네. 사람같이 생겼던 걸요."

"호랑이는?"

"아직……."

배리는 호랑이를 보지 못했지만 자카르타에 있는 동안 밤마다 호랑이에게 잡혀갈지도 모른다는 공포 속에서 살았다.

"이제부터 우리랑 사는 거야. 엄마도 곧 올 거라고 했어."

"네."

차를 타고 집으로 향했다.

바닷가에서 밀려온 짠물 냄새가 배리의 콧잔등을 타고 지나갔다. 눈에 익은 야자수와 열대나무들이 보였고, 멋진 차에 실려 가는 하얀 보트도 낯설지 않았다. 지난 5년간 인도네시아에서 살았지만 하와이 해변의 풍경이 어제 본 것처럼 정겨웠다.

할아버지는 옛날에 살던 집을 팔고 고층 아파트를 전세로 얻어 살고 있었다. 배리는 낯선 아파트를 두리번거리다가 이사를 해도 달라진 게 없다며 좋아했다. 배리가 인도네시아에 있는 동안 할아버지는 가구사업을 그만 두고 보험회사에 취직을 했다. 그래서 배리가 방으로 들어가면 할아버지는 친구들에게 전화를 해서 새로 나온 좋은 보험 상품이 있다며 밤늦게까지 전화기에 매달려 있곤 했다.

하와이에 도착한 배리는 종종 엄마에게 전화를 했다. 엄마는 영어 공부를 게을리하면 안 된다며 신신당부를 했고, 배리는 세수할 시간이 없을 정도로 열심히 공부한다고 거짓말을 했다. 그러면 엄마는 할머니를 바꿔달라고 해서 오랫동안 전화통화를 했다. 대부분 배리에 관한 이야기였다. 하와이에서 최고 명문 사립학교인 푸나호우 아카데미에 갈 수 있는지, 가기 위해서 어떤 서류들이 필요한지 앤은 할머니에게 물었다.

여름이 끝나던 토요일 오후, 마침내 배리는 푸나호우 아카데미 입학허가서를 받았다. 그 전에도 몇 번 푸나호우 아카데미 입학 담당자와 면접을 보긴 했지만 정작 입학허가서를 받고 보니 온 가족이 뛸 듯이 기뻤다. 인도네시아에 있는 엄마도 전화를 걸어 배리에게 축하한다며 울먹였다. 특히 할아버지는 입학허가서를 너덜너덜 해질 때까지 읽고 또 읽었다.

그리고 학교에 가는 첫날, 할아버지가 배리의 손을 잡고 학교에 갔다.

"너무 일찍 가는 거 아닌가요?"

"앞으로 7년 동안 다녀야 하는데 빨리 가서 보고 싶지 않니?"

할아버지가 배리를 데리고 교문으로 들어섰다. 몇 번 와 본 학교지만 등교를 하고보니 그럴 수 없이 근사한 학교였다. 깨끗한 운동장 옆으로 하얀 기둥이 있었고, 비를 맞지 않도록 차양까지 예쁘게 조성되어 있었다. 운동장 구석에는 빨간색 시소와 하늘색 정글짐이 있었다. 그 옆으로는 하얀 줄이 그어져 있는 농구장이 있었고, 뒤에는 투명한 유리로 만든 식물관이 있었다.

"문이 잠겼네."

교실로 들어서려던 할아버지가 말했다.

"그 보세요. 너무 일찍 왔잖아요."

할아버지와 배리는 벤치에 앉아 기다리기로 했다.

그런데 시간이 지나면서 할아버지와 배리는 큰 혼란에 빠지고 말았다. 그 이유는 푸나호우 아카데미에 다니는 아이들은 모두 상류층 아이였다. 그래서 배리가 신고 온 인도네시아 샌들과 할아버지가 산 배리의 옷이 그 아이들과 전혀 어울리지 않았다. 그야말로 인도네시아에서 전학 온 아이였다. 또 하나 배리를 놀라게 한 게 있었다. 중국 애들, 일본 애들, 하와이 원주민 아이들은 몇 명되지 않았고 대부분이 백인이었다.

"이제 가보자."

배리는 할아버지를 따라 교실로 들어갔다.

"어서 오거라."

나이가 들어 보이는 헤프티 선생님이 배리를 보며 싱긋 눈인사를 했다.

"배리, 할아버지가 네 아빠는 케냐 사람이라고 하던데, 나도 케냐를 잘 알아. 케냐에서 아이들을 가르쳤거든. 혹시 아빠가 어떤 부족 사람인지 아니?"

순간 배리는 얼굴이 붉게 달아올랐다. 왜 그런지는 배리도 몰랐다. 다만 많은 아이들 앞에서 흑인이라는 걸 굳이 내세우고 싶지 않았다.

"루오……."

"케냐에 루오족? 멋진 부족이구나."

선생님은 배리를 반 아이들에게 소개했다. 아이들은 '케냐'라는 말에 크게 웃었다. 그 웃음이 어떤 의미인지 배리는 알고 있었다. 옆에 앉은 백인 아이가 배리의 머리카락을 만져봐도 되냐고 물을 때도, 그것이 무슨 의미인지 알고 있었다. 동물원에 원숭이. 그 이상도 이하도 아니었다. 마냥 신기한 흑인이 케냐에서 사자를 잡다가 하와이에 있는 학교로 전학 온 줄 아는 모양이었다.

"배리, 기분이 안 좋구나?"

집으로 돌아오는 길에 할아버지가 물었다.

"그냥……."

"같이 오랫동안 공부할 친구들이야. 싸우지 말고 친해지도록 노력해야 한단다."

"네."

배리는 집으로 오는 내내 할아버지가 왜 아빠의 고향이 케냐라고 말했는지, 생각하고 있었다. 그리고 자신이 왜 부끄러워했는지도 궁금했다. 흑인. 배리는 자신이 흑인이라는 사실을 알면서부터 마음 깊숙한 곳에서 백인과 다르다는 열등감이 싹 트고 있었다. 배리는 애써 그 열등감을 부정했지만 싹은 하루하루 키가 자라고 있었다.

☆

교실에 배리와 같은 흑인 아이가 한 명 있었다. 코레타라는 여자 아이였다. 배리는 코레타에 대해 무관심했다. 자신이 흑인이어서 흑인과 친구가 되어야 한다고는 생각하지 않았다. 좀 더 많은 친구를 사귀고 싶었을 뿐이었다. 친구들이 일본 애들이건 한국 애들이건 백인이건 모두 친구가 될 수 있다고 믿었다.

하지만 백인 아이들은 배리에 대해 관심이 없었다. 그 애들은 끼리끼리 몰려다니며 수영을 했다. 그 애들은 집집마다 수영장이 있는 부자들이었다. 그들과 친하게 지내려면 어느 정도 그들과 어울릴 준비가 필요했다. 고급 노트를 가지고 있다든가, 비싼 야구 글러브를 가지고 있다든가, 멋지게 스케이트보드를 타든가 하는.

열 살이었던 배리에게는 힘든 학교생활이었다.

그러던 어느 날, 배리는 코레타와 말을 하기 시작했다. 왕따를 당하느니 코레타와 노는 게 백배 낫다는 생각에서였다. 같이 수돗가로 가서 물도 마시고, 같이 과자를 사먹기도 했다. 수업이 끝나면 정글짐에서 놀기도 했다. 코레타가 배리를 잡으러 오면 배리는 재빨리 도망갔다.

그런데 저 멀리서 백인 아이들이 다가왔다.

"코레타에게 남자친구가 생겼네!"

"코레타에게 남자친구가 생겼어!"

백인 아이들이 배리와 코레타를 놀렸다.

두 아이는 순간 얼음이 된 것 마냥 움직이지 않았다. 뭔지 모르지만 많은 아이들 속에 외톨이가 된 것 같았다. 배리는 그런 것이 싫었다. 아니, 정확히 이유는 모르지만 이 순간만은 피하고 싶었다. 그래서일까.

"가!"

배리가 손으로 코레타를 밀쳤다.

"왜 그래?"

넘어진 코레타가 배리를 올려다봤다.

맑은 눈이었다.

코레타의 맑은 눈에서 눈물이 고이기 시작했다.

배리도, 백인 아이들도 아무 말을 하지 않았다. 아무도 손을 내밀지 않았다. 구름 한 점 없는 맑은 날, 운동장에는 코레타 혼자 넘어져 있었다. 코레타의 눈에 고여 있던 눈물이 금세 볼을 타고 흘러내렸다. 그 눈동자 속에는 원망이나 미움이 담겨 있지는 않았다. 왜 이러니, 하는 놀라움도 아니었다. 순식간에 일어난 일이지만 코레타는 배리를 이해했다. 버스에 흑인이 앉아 있으면 백인이 일어나라고 하는 세상이었다. 흑인은 언제 어디서든 어떤 일이 생길지 몰라 항상 겸손과 이해심을 갖추고 있어야 했다. 비록 배리와 같은 흑인이 모욕을 줘도 금방 손을 털고 일어나서 구석진 곳을 향해 달려갈 준비가 되어 있어야 했다.

코레타는 일어나 교문 쪽으로 뛰어갔다.

뛰어가는 코레타의 뒷모습을 보고 있던 배리는 자신이 지

금 어떤 일을 했는지 생각에 빠져 있었다.

아이들이 간 뒤에도 배리는 운동장 구석에 우두커니 서 있었다.

'내가 무슨 짓을 한 거야. 세상에……'

집에 온 배리는 방에서 나오지 않았다. 『라이프』 잡지에 나온 피부가 하얀 흑인이 자꾸 생각났다. 정직하지 못하다며 밤새 엄마와 싸우던 롤로가 생각났다. 자신을 속이면서까지 꿈을 쫓지 말라던 엄마의 말도 떠올랐다.

'엄마, 미안……'

다음 날 학교에 간 배리는 아이들의 눈빛이 달라진 걸 느꼈다. 코레타와의 그 일이 있은 후, 말도 걸지 않던 아이들이 배리 주위로 조금씩 다가오는 걸 느낄 수 있었다.

"정말 너희 할아버지가 루오족 추장이야?"

머리카락을 두 가닥으로 땋은 수잔이 물었다.

순간 당황한 배리는 어떻게 말해야 할지 몰랐다. 배리는 슬쩍 코레타를 봤다. 코레타는 책을 보고 있었다.

"당연하지."

배리는 자기도 모르게 거짓말을 했다.

"너희 아빠는?"

"하버드 대학을 졸업하면 케냐에서 추장을 할 거야. 얼마 전에 사진을 보내왔는데, 정말 끝내줘."

"우와!"

아이들은 책상으로 뛰어올라 인디언 추장 흉내를 냈다. 어떤 아이는 말을 타는 흉내를 냈고, 어떤 아이는 사자와 결투를 벌이는 추장 흉내를 냈다. 그리고 점점 더 많은 아이들이 배리 주변으로 몰려왔다.

"추장은 맨손으로 들소도 잡지?"

"들소는 장난감이야. 루오족 추장은 케냐에서 가장 용기 있는 사람만이 될 수 있는 거야. 추장은 케냐에서 무섭기로 소문난 호랑이와 싸워서 이겨야 하고, 물속에서 악어와도 싸워서 이겨야 해. 아빠에게 호랑이랑 악어는 껌이야."

배리도 자신이 하는 말이 무슨 뜻인지 알지 못했다. 뒤죽박죽 엉망진창이었다. 거짓말이라는 걸 뻔히 알면서도 몰려드는 아이들의 질문에 척척 대답을 하는 자신이 신통할 뿐이었다. 그러면서 케냐에 어떤 호랑이가 사는지, 어떤 사자

가 사는지 오래전에 본 동물도감을 떠올리고 있었다.

"케냐로 돌아가면 네가 추장이 되겠네?"

"그래야겠지. 우리 루오족 사람들은 서로 추장이 되고자 매일 호랑이와 결투를 해. 그리고 추장인 아빠에게 결투를 신청하지. 그래서 나도 공부가 끝나면 바닷가에 나가서 운동을 해. 공부를 마치면 케냐로 돌아가서 추장이 되어야 하는데, 추장 후보들이 반란을 일으킬 수 있으니 내가 진압을 해야 하거든. 조금은 힘들겠지만 최선을 다할 거야. 그때, 너희들을 초대할게."

"나도 꼭 초대해줘!"

"나도!"

아이들이 모두 배리에게 달려와 손가락을 걸었다. 저마다 추장의 친구가 되고 싶어 야단들이었다.

그날 오후, 배리는 시립도서관으로 달려갔다. 거짓말을 하긴 했지만 정말 루오족에 대해 알고 싶었다. 더 큰 거짓말을 하기 위해서가 아니라, 거짓말을 하는 동안 배리는 자신의 부족에 대해 몰라도 너무 모른다는 생각이 들었다.

도서관을 샅샅이 뒤져 찾아낸 루오족은 배리의 상상과는

달랐다. 루오족은 나일강 주변에 살다가 케냐로 건너간 작은 부족이었다. 옥수수로 죽을 만들어 먹는 루오족은 사타구니를 가죽 끈으로 가린 채 생활했다.

"세상에!"

놀란 배리는 누가 볼세라 얼른 책을 덮었다.

책에는 추장이 호랑이, 사자, 악어를 이겨야 한다는 말이 없었다. 케냐 최고의 부족이라는 말도 없었다. 끈 같은 것을 팬티처럼 입고 다니는 작은 부족이었다.

그날부터 배리는 거리를 서성거렸다. 코레타의 일로 마음에 병이 든 배리에게 이번 일은 자신에게 수치심을 심어주기에 충분했다. 결코 회복될 거 같지 않았다. 오래전부터 꿈꾸어왔던 것들이 와르르 무너지는 것도 같았다.

"헤이, 꼬마!"

집으로 돌아오는 길에 어떤 흑인이 배리를 불렀다. 배리보다 열 살 정도 나이가 들어보였다.

"왜요?"

배리는 대답만 했다.

"내가 농구 가르쳐줄까?"

"농구요?"

배리는 그 흑인을 유심히 쳐다봤다. 매일 집 뒤 농구장에서 혼자 농구공을 텅텅 치고 다니던 사람이었다. 베란다에서 몇 번 본 적이 있었다. 할머니는 이 흑인을 두고 불량배라고 불렀다. 나쁜 짓을 하지 않았지만 흑인이 농구를 하는 것만 봐도 그 흑인은 불량 청소년이라고 딱지를 붙였다. 그래서 할머니는 배리가 야구를 좋아하도록 입학 후 비싼 야구 글러브를 사줬다.

"내가 드리블에서 백턴, 비하인드까지 쓸모 있는 기술은 죄다 가르쳐주지. 헤이! 이쪽으로 와봐."

"싫어요."

배리는 단호하게 거절했다.

"앞으로 쭉 심심해도 좋으니? 창고 앞에서 해바라기 씨를 까먹는 것보다 백배 좋아. 혹시 아니? 네가 잘 나가는 농구 선수가 될지. 인생은 먼저 드리블하는 사람이 임자야!"

농구공을 튕기던 흑인이 배리를 향해 침을 뱉었다.

"해바라기 씨를 까먹지도 않을 거고, 농구공을 드리블하면서 시끄럽게 하고 싶지도 않아요."

"그렇다면, 꼬마야. 네가 할 수 있는 게 뭐 있니?"

"……."

"파리처럼 하루 종일 팔을 흔들어대는 주차관리원? 허리를 폈다 굽혔다 하는 엘리베이터 안내원? 머저리 같은 군인? 할렘가의 쓰레기? 뭐? 네가 선택할 게 이것 말고 또 있니?"

"……."

배리의 머리 위로 검은 구름들이 몰려왔다.

"뉴욕의 돈과 명예는 다 백인들이 가지고 노는 것이고, 우리 같은 흑인들이 가지고 놀아야 하는 것은 야구공이나 농구공뿐이야. 아, 텔레비전에 한 번씩 등장하는 흑인 갱단들은 총을 가지고 놀지만……."

"싫어요. 싫다니까요!"

이 말을 남기고 배리는 부리나케 뛰었다. 뛰다가 뒤돌아보니 그 흑인은 농구공을 가슴에 안고 서서 배리를 끝까지 쳐다보고 있었다. 배리는 자신이 생각해도 자신은 흑인이 아닌 것 같았다. 그런 착각이 더 배리를 화나게 만들었다.

다음 날 수업이 다 끝나기 전에 헤프터 선생님이 배리를 불렀다.

"배리, 집에 가봐라."

"무슨 일이죠?"

"네가 존경하는 아빠가 오셨다는구나."

"아빠……."

그 순간, 배리는 숨이 멎는 것 같았다. 아빠를 본다는 반가움보다는 교실에 있는 아이들이 아빠를 보면 거짓말이 드러날까 두려움이 앞섰다.

집으로 가는 발걸음이 떨어지지 않았다. 눈앞이 캄캄해지기도 했다. 하필 왜 이때 와서 자신을 괴롭히는지 모르겠다며 길거리에 뒹굴던 깡통을 발로 차기도 했다.

아빠를 만나다

나에게 아버지는 내가 부끄럽고 실망스럽게 크지 않도록
늘 근처에서 날 지켜주는 버팀목이었다.

"배리, 아빠가 오셨구나."

문을 열자 할머니가 소리쳤다.

배리는 신발을 벗으면서 거실에 서 있는 아빠를 보았다. 검은 피부에 키가 컸고, 다리를 조금 저는 것 같았다. 그 뒤에 엄마가 웃으며 서 있었다.

"널 보니 기쁘구나, 배리."

버락이 배리를 번쩍 들어 안았다.

"공부도 잘한다고 들었다. 맞니?"

배리는 아무 말도 하지 않았다.

앤과 할아버지는 생일 파티라도 하는 것처럼 분주했다. 아빠는 배리를 무릎에 앉혀 머리를 쓰다듬었다.

"네가 보고 싶었다."

진심이 묻어나는 말이었다.

하지만 배리는 이런 말을 귀담아 듣지 않았다. 그동안 배리가 궁금했던 것은 아빠의 외모였다. 힘이 센 아빠, 하버드 대학에 다니고 있는 아빠, 케냐가 고향인 아빠를 요리조리 뜯어보며 자신과 비교하기에 바빴다.

한 시간이 지나자 버락은 쉬고 싶다고 말했다. 그리고 소파에서 일어난 버락은 가방을 열어 인형 세 개를 배리에게 줬다.

"케냐에서 가지고 온 거란다. 꼭 너에게 주고 싶었다."

나무를 깎아서 만든 인형들이었다. 하나는 사자인형이었고, 하나는 코끼리, 나머지 하나는 케냐 전통 복장을 한 인형이었다.

"너에게 소중한 선물이 될 거야."

"나무 인형인데요?"

나무 인형을 받은 배리는 한참 동안 그것들을 만지더니 시큰둥하게 내던졌다. 그 순간, 버락의 표정이 어두워졌다.

"넌 케냐에서 태어난 이 아빠의 자랑스러운 아들이란다. 그러니 넌 자랑스러운 아프리카의 아들이란다."

"그랬군요. 아프리카의 아들……."

배리는 못마땅한 얼굴로 천장을 올려보고 있었다.

"배리, 아프리카는 부끄러운 곳이 아니다. 언젠가 너도 아프리카를 찾아오게 될 거야."

버락은 배리에게 인사를 하고 할머니가 빌려 준 아파트로 갔다. 비록 아빠와의 짧은 대화였지만 배리는 이상한 감동에 휩싸여 있었다. 그것은 할머니와 할아버지, 엄마와 이야기 할 때와는 다른 느낌이었다. 안절부절 못하는 자신을 머리 꼭대기에서 내려다보고 있는 것 같은 기분. 그러면서 자신을 금방 아프리카와 케냐와 버락의 아들로 소속감을 갖게 만드는 힘. 투덜대기는 했지만 배리는 그날 아빠를 만나서 아프리카라는 거대한 대륙이 자신을 기다리고 있다는 말까지 들어서 기분이 좋았다.

버락이 하와이에 있는 동안 배리는 조금씩 달라지기 시작했다. 엄마와 할아버지, 할머니와 있을 때와는 달랐다. 버락은 배리에게 깊은 감정을 심어주고 있었다. 해변으로 놀러 갔을 때 버락은 배리에게 지평선 너머에 무엇이 있는지 물었다. 배리가 대답을 못했지만 버락은 아주 오랫동안 지평선을 바라보며 서 있었다. 파도가 밀려오면 버락은 배리에게 파도가 굴러오는 소리를 듣도록 가르쳤다. 이것은 남의 말에 귀를 기울이라는 뜻이었다. 또 바닷물에 발을 씻는 법도 가르쳐 줬고, 아주 높은 언덕에 올라가서 사람들이 사는 동네를 보도록 했다. 이것은 언제나 자신을 반성하고 이웃과 더불어 살아가는 방법을 일러 준 것이었다. 버락은 배리에게 할머니처럼 잔소리를 하거나 할아버지처럼 여기저기 데리고 다니며 자랑을 하지 않았다. 배리의 어깨에 팔을 올려놓고 오랫동안 어두운 터널을 걸으면서도 버락은 단 한마디도 하지 않았다. 남자라면 갑자기 고독이라는 게 찾아오고, 그것을 이겨내는 방법은 자신의 의지밖에 없다는 걸 이야기했다. 그런 아빠를 곁에서 본 배리는 한 번도 느껴보지 못한 아빠의 정을 맛볼 수 있었다. 험한 세상에 하나뿐인

기둥을 발견한 셈이었다.

그런데 마우이 섬으로 놀러갔다가 배리가 아빠를 잃어버렸다. 배리는 많은 사람들 속에서 아빠를 찾는 건 어렵지 않다고 생각했다. 자신과 같이 흑인이니까. 아빠는 보이지 않았다.

한참 뒤, 버락이 배리를 찾아왔다.

"아빠!"

"왜 그러니?"

배리의 얼굴에 땀이 맺혀 있었다.

"아빠를 잃어버린 줄 알았어요."

"아빠가 보이지 않았니?"

"네."

"난 배리를 보고 있었는데."

배리는 당황스러웠다. 자신의 눈에 보이지 않던 아빠가 오히려 자신을 쳐다보고 있었다니.

"늘 아빠를 잃어버렸다고 생각하니 안 보였던 거야. 배리, 아빠가 없다고 네 머릿속에 영원히 아빠를 지우지는 마라. 넌 아빠이고, 아빠는 또 네가 될 수 있어. 언제 어디서나 네가 누구인지를 확실하게 안다면 세상 모든 사람들이 다 보일 거다."

"네."

배리는 갑자기 어른이 된 기분이었다.

그날 집으로 돌아와서 나쁜 소식을 들었다. 그것은 헤프티 선생님이 전화를 해서 버락에게 일일교사를 부탁했던 것이었다. 엄마는 흔쾌히 승낙을 했다고 자랑스럽게 말했다.

배리에게는 하루하루가 고통이었다. 아빠가 일일교사를 하기로 한 목요일은 점점 다가왔다. 아빠와 의미 있었던 시간들은 머릿속에서 까맣게 지워졌고, 앞으로 닥칠 일들만 사나운 뱀처럼 머릿속에 똬리를 틀고 앉아 있었다.

마침내 목요일이 왔다.

버락이 일일교사가 되어 교실로 들어왔다. 아이들은 박수를 쳤다. 버락은 조용히 아이들을 둘러본 뒤, 배리를 찾아냈다. 아이들은 버락과 배리를 번갈아보며 부러워했다. 케냐에서 온 추장과 미래의 추장이 같은 교실에 있다는 것만으로도 아이들은 흥분이 되었다.

배리는 책상에 엎드려 기도를 했다. 교실에 전염병이 돌아서 당장 병원으로 실려가고 싶다는 기도였다. 아빠가 자신은 추장이 아니라고 한다면 당장 학교를 그만둬야겠다고 생각하기도 했다.

그런데 아빠는 그런 말을 하지 않았다. 칠판에는 루오족의 관습에 대한 이야기를 적어 놓았다. 노인이 가장 존경 받으며, 그들은 커다란 나무 밑에서 모여 법을 만든다고 했다. 케냐의 역사와 케냐의 미래에 대해 이야기를 했다. 목소리는 낮게 깔려 있었고, 그 목소리를 귀담아 듣기 위해서 교실은 쥐죽은 듯 조용했다. 그러다가 버락이 칠판에 글을 쓰기 위해 팔을 뻗었을 때는 아이들의 시선이 일제히 버락의 손끝에 모였다. 그것은 버락만의 묘한 능력이었다. 사람을 집중하게 만드는 힘. 추장도 할 수 없는 힘이 버락에게 있었다.

책상에 엎드린 배리는 고개를 돌려 아이들을 살폈다. 모두 아빠의 말에 혼이 빠져 있었다. 특히 코레타는 연신 고개를 끄덕이며 뭔가를 노트에 받아쓰기도 했다.

"배리, 네 아빠 정말 멋지다!"

일일교사가 끝나자 아이들은 모두 배리에게로 몰려와 소

리쳤다.

"추장이 아니라 대통령 같아."

배리는 그날, 부끄러움이 무엇인지 알았다. 거짓말은 부끄러운 것이었다. 이 부끄러운 거짓말을 알아버린 배리는 진리가 얼마나 값진지 알 수 있었다. 거짓말로 얼굴을 들 수 없었던 배리가 진리를 찾기 위해 긴 여행을 떠난 건 이때부터였다.

일주일을 더 집에서 보낸 버락은 하버드 대학으로 돌아갈 준비를 했다. 엄마와 할머니, 할아버지는 서운한 것보다 힘겨워하는 표정이었다. 버락이 하와이에 있는 한 달 동안 가족들은 버락을 챙겨주느라 정신이 없었다. 때에 따라서는 서로 말다툼을 하기도 했다. 이 모든 것은 버락이 앤과 이혼을 한 탓이었다.

버락은 배리에게 또 하나의 선물을 준비했다.

크리스마스 때, 가족이 모인 자리에서 배리에게 농구공을 선물로 줬다.

"하필 농구공을……."

할머니는 농구공이 마음에 들지 않았다.

"고맙습니다."

배리도 썩 내키지는 않았다. 하지만 아빠의 선물이기에 받아뒀다. 배리가 나중에 대통령이 된 이후에도 백악관에 농구장을 만들 정도로 농구와 인연을 갖도록 한 것은 바로 아빠 버락이었다.

☆

버락이 떠나는 날이었다. 앤은 배리에게 아빠가 있는 아파트로 가보라고 했다.

배리가 아파트에 도착했을 때, 버락은 거의 가방을 다 싼 뒤였다. 조금은 무거운 얼굴로 버락이 배리를 쳐다봤다. 배리는 마지막이라는 말이 가슴이 와 닿지 않았다. 며칠 뒤에 다시 돌아 올 사람처럼 보였다.

"엄마를 부탁한다."

"네."

버락은 가방을 다 싸고 창문가에 서 있었다.

배리는 마땅히 할 일이 없었다.

어색한 시간이 흘렀다.

"배리."

버락이 배리를 불렀다.

"네."

"내가 너의 아빠라는 게 부끄럽다고 생각한적 있니?"

"……."

갑자기 던진 말에 배리는 당황했다.

"한번쯤은 부끄럽게 느끼게 될 때도 있을 것이다. 그때는 아빠를 찾아오거라."

"어디로요?"

"케냐."

그 순간 배리는 인도네시아에 있는 롤로를 떠올렸다. 하와이로 온 뒤로 연락을 하지 못했던 롤로. 롤로는 인도네시아에, 버락은 케냐에. 배리는 잠시 머릿속에 세계지도를 펼쳐놓고 두 나라의 거리를 재고 있었다.

"아, 배리! 잠깐만 기다려봐."

버락이 갑자기 흥분한 목소리로 말했다. 갑작스런 아빠의 행동에 배리는 어리둥절한 표정으로 서 있었다. 버락이 가방을 열더니 그 속에서 레코드판 두 장을 찾아냈다.

"이거야. 이걸 꼭 너에게 들려줘야 해. 왜 이 생각을 진작 못 했지."

"뭔데요?"

"들어보면 알아."

버락은 두 장의 레코드판을 찬찬히 들여다본 후, 흡족한 미소를 띠었다. 그리고 턴테이블에 그 중 한 장을 올려놓았다.

처음에는 기타 연주가 시작되었다. 점점 템포가 빨라지면서 북이 등장했다. 북과 정체를 알 수 없는 타악기들이 기괴한 소리를 내더니 아, 아, 아, 하는 사람의 목소리가 들렸다. 텔레비전에서 들은 적이 있는 아프리카의 음악이었다.

"이리 와봐."

버락은 배리의 손을 끌었다.

그리고 버락은 춤을 췄다. 두 팔을 날개가 긴 새처럼 들고 발은 아주 빠르게 앞뒤로 움직였다. 어색한 웃음만 띠고 있던 배리도 아빠와 같이 두 팔을 들고 발을 앞뒤로 움직였다.

"루오족의 춤이란다."

이것이 팬티 대신 끈으로 사타구니를 가린 루오족의 춤이

었다.

"윽!"

버락은 크게 소리를 질렀다.

그러면서 더욱 빠르게 발을 놀렸다. 할아버지가 말한 루오족의 추장처럼 아빠는 몸을 흔들며 소리를 질렀다.

뭐가 뭔지 잘 모르는 배리였지만 아빠의 춤을 보면서, 또 아빠와 같이 춤을 추면서 피부의 색보다는 피부 속 깊은 곳에서 끓어오르는 피를 느꼈다. 케냐의 피, 루오족의 피, 버락 오바마 집안의 피를 배리는 느끼고 있었다.

"엄마를 부탁한다, 배리!"

춤을 추던 버락이 배리를 끌어안았다.

배리, 농구장에 가다

나는 내가 잘하는 것을 알고 있습니다.
나는 내가 잘 못하는 것을 알고 있습니다.
나는 내가 무엇을 알고 무엇을 모르는지 알고 있습니다.

버락이 하버드 대학으로 돌아간 뒤, 배리는 방 안에서 책만 읽었다. 자신이 왜 거짓말을 하는지 그 이유를 찾고 있었다.
책에서 얻은 결과는 단지 흑인이라는 이유뿐이었다. 흑인들은 자신이 흑인이라는 사실을 알고부터 절망했다. 절망을 던져주는 건 백인이었다. 백인들 중에서도 인종차별주의자들! 그들은 흑인을 백인의 시중을 드는 사람으로 여겼다. 어떤 백인들은 흑인들이 출입할 수 없는 곳도 만들어 놓았다. 멋진 커피숍이나 폼을 잔뜩 잡는 스포츠 중에는 흑인은 아예 손도 못 대게 했다. 그래서 흑인들은 농구나 권투를 하면서 세상에 불만을 폭발했다. 법률가나 정치가는 아예 꿈도 꾸지 못했다.

사춘기에 접어든 배리는 흑인이 멸시받는 사회에 대해 증오심을 품기 시작했다. 자신도 텔레비전에 나오는 멋진 정치가나 법률가, 과학자가 되고 싶었지만, 그것은 꿈이었고, 그 꿈은 이루어질 확률이 아주 낮다는 사실을 알았다.

"농구공은 왜?"

어느 날, 배리가 방에서 뒹굴고 있던 농구공을 들고 나왔다.

"그냥요."

"배리, 밤마다 텅텅 거리는 저 소리도 안 들리니? 저 애들은 우리 같은 사람들을 전혀 생각하지 않아. 왜냐면 버릇이 나쁜 아이들이거든."

할머니가 배리에게 소리쳤다.

"그런가요?"

배리가 할머니를 쳐다봤다.

평소 배리의 눈매가 아니었다. 그날따라 배리의 얼굴은 더

욱 검고, 손은 계속 농구공을 거실 바닥에 텅텅 치고 있었다.

"배리……."

"저도 밖에서 농구나 하고, 학교 화장실에 모여 담배를 피우는 아이들과 똑같은 흑인입니다. 제가 할 수 있는 건 할머니가 생각하는 것보다 많지 않아요."

"장차 농구선수가 될 거니?"

"농구에 재능이 있으면 그렇겠죠."

"배리, 넌 푸나호우 아카데미에서도 뛰어난 애야. 선생님이 그런 말 안 했니?"

"공부를 잘하고 못하고의 문제가 아니라니까요. 할머니, 전 흑인이에요."

"흑인에게는 꿈도 없다니? 너에겐 큰 꿈이 있잖아!"

"전 깜둥이라니까요."

"그래서! 꿈도 까맣다는 말이냐?"

"흑인은 흑인만이 갈 길이 있어요. 백인인 할머니가 흑인을 어떻게 아시겠어요."

할머니가 소파에 주저앉았다.

"그것은 오해다."

"오해라뇨? 세상 사람들이 흑인을 사탕수수 밭이나 뒹구는 쓰레기로 보는데, 오해라뇨!"

"인종 차별을 하는 사람들은 못 배운 사람들이야. 많은 사람들은 그렇게 생각하지 않는단다."

"금방 할머니가 밖에서 농구하는 흑인들을 야단쳤잖아요."

"저 애들이 흑인이었니? 나는 몰랐다. 내가 저 애들을 야단친 것은 시끄럽게 하기 때문이지 흑인이기 때문에 야단친 건 아니란다, 배리."

"흔히 농구공을 가지고 놀면 흑인이라고 생각하시는 거죠. 안 그래요?"

"됐다. 그만하자. 오늘 따라 대화가 안 되는구나. 너희 아빠가 사준 농구공이니 가지고 놀든 버리든 내가 상관할 바 아니구나."

할머니는 텔레비전을 켰다. 그리고 볼륨을 높였다.

배리도 방으로 들어갔다.

농구공을 침대 위에 놓고 배리는 책을 펼쳤다. 책 속에 등장하는 흑인은 힘이 셌다. 힘은 셌지만 힘 이외에 어떤 능력도 없었다. 흑인들은 자식들만 쑥쑥 낳고, 나중에 늙은 흑인은 자식들에게 백인을 잘 따르는 법을 가르쳤다. 주인에게 인사를 하고, 주인을 위해 물을 떠오고, 밤늦게 주인집 아들을 위해 대문까지 나가서 등을 비춰야했다. 그런 흑인이 미국 곳곳에 있었다. 종종 텔레비전에서도 힘만 세고 죽도록 일만 하는 흑인이 자주 등장했다. 항상 순종적인 흑인이 어느 날 주인이 던져준 빵 한 조각을 먹으며 같은 피부색을 가진 흑인을 총으로 쏴죽이기도 했다. 흑인은 어떤 단체도 없었고, 흑인은 오직 백인을 위해 살아가는 힘 센 조랑말과 같았다. 백인 주인공의 성공을 위해 방송이 시작되자마자 죽어야 하는 엑스트라와도 같았다.

  이 모든 일들을 배리는 책 속에서 찾아냈다. 모르고 지나갈 수도 있었지만, 일찍 알아두는 게 자신의 미래를 위해, 자신의 꿈을 위해 백번 잘했다고 배리는 생각했다. 만약 자신이 마법이라도 부릴 수 있으면 엑스트라처럼 백인 앞에 굽신거리는 흑인들을 일으켜 세우고 싶었다. 더 이상 그들을 위해 살지말고 자신을 위해 살라고 말해주고 싶었다.

  하지만 배리가 할 수 있는 일이 아니었다. 특히 어린 배리

가 할 수 있는 일은 아무것도 없었다. 인종차별주의자가 싫으면 흑인들만 있는 케냐로 떠나는 길 밖에 없었다. 그렇다고 당장 가방을 챙겨들고 케냐로 갈 수도 없는 노릇이었다. 케냐에는 아빠만 있는 게 아니었다. 하버드 대학을 다니던 아빠가 백인 여자와 다시 결혼을 해서 케냐로 돌아갔다는 말을 할머니와 할아버지의 대화에서 들었다. 이 역시 배리를 힘들게 했다.

배리는 농구공을 들고 집 뒤 농구장으로 갔다. 거기에 몇 년 전에 만난 적이 있는 흑인 소년이 농구를 하고 있었다. 배리는 농구공을 깔고 앉아 흑인 소년이 농구하는 모습을 구경했다.

"헤이, 꼬마! 뭐 하러 왔니?"

"……."

"농구공은 의자가 아니란다."

"알아요."

"이제 네가 뭘 해야 하는지 알았니?"

"……."

"넌 농구하기에 딱 좋은 몸이야. 한번 도전해봐, 꼬마야."

소년은 농구공으로 덩크슛을 날렸다. 배리가 보기에 대단한 실력이었다.

"가르쳐 줄 건가요?"

"당연하지."

농구공을 들고 흑인이 배리 앞으로 왔다.

"난 닉이라고 해. 넌 누구니?"

닉이 손을 내밀었다.

"버락 후세인 오바마 주니어. 그냥 배리라고 부르면 돼요."

배리도 손을 내밀었다.

"배리, 좋아. 우리 멋진 농구팀을 만들어보자."

"좋아요."

악수를 한 뒤 배리와 닉은 어깨를 걸었다. 그동안 학교에서 돌아오며 자주 봐온 닉이었다. 닉도 밤마다 아파트 베란다에서 자신을 내려다보고 있는 배리를 쭉 지켜봐 왔다.

그날부터 배리는 농구를 배웠다. 닉은 어려운 기술들을 하나씩 천천히 배리에게 가르쳐줬다. 키가 크고 순발력이 뛰어난 배리는 금세 농구를 익혔다. 다른 동네에 있는 흑인들과 어울려 게임을 할 수준이었다.

☆

 좀 더 나이가 든 배리는 농구에 흠뻑 빠져 있었다. 닉과 함께 배리는 거리농구에서 소문이 날 정도였다. 배리가 농구를 잘한다는 이야기를 들은 앤은 배리를 말리지 않았다. 아빠가 선물한 농구공이었고, 유일하게 배리의 아빠가 허락한 운동이었다고 생각한 모양이었다.

 인도네시아에서 딸 마야와 함께 완전히 하와이로 온 앤은 배리를 위해 학교에 찾아갔다. 그리고 학교 농구부에 배리가 뛸 수 있는지 물었다. 배리의 농구 실력을 들어왔던 학교 농구부는 흔쾌히 받아줬다.

 농구부에서 정식으로 훈련을 받은 첫날이었다.

 시무룩한 표정으로 배리가 집으로 돌아왔다. 저녁 준비를 하던 앤이 배리를 불렀다. 배리는 농구공을 발로 차며 방으로 들어가 버렸다.

 "배리!"

 대답이 없었다.

 "럭비공 같은 아이야."

 텔레비전을 보고 있던 할머니가 말했다.

"왜 그러죠? 무슨 일이 있었던 거예요?"

"잘 모르겠지만, 짐작하건데 농구부에서 또 흑인이라고 놀렸겠지. 그 전에 배리는 인종 차별에 대해 예민해져 있었거든."

앤은 숨이 턱 막혔다.

"인종 차별요? 누가 그래요?"

"글쎄……."

할머니는 그동안 배리와 다툰 이야기를 들려주었다. 앤은 얼굴을 붉히며 어찌해야 할지 몰랐다.

"세상에, 세상에 이런 일이……."

앤은 수건으로 손을 닦고 배리의 방으로 들어가려다 멈추었다. 만약 배리가 인종 차별 때문에 그렇다면 자신이 괜히 배리의 마음을 어수선하게 만들 필요가 없었다. 그것은 배리의 몫일 수 있었다. 엄마도 백인이고, 할머니 할아버지도 백인인 이상 그 느낌은 분명히 다르다는 걸 앤은 잘 알고 있었다.

그날 밤, 앤은 배리보다 힘든 밤을 보내고 있었다. 인도네시아에 있으면서 알아채지 못한 일이었다. 발만 동동 구르고 있던 앤은 과일을 깎아 배리의 방문 앞에 섰다.

"배리, 자니?"

"아뇨."

배리의 낮은 목소리가 문틈으로 들려왔다.

"들어가도 되니?"

"네."

방으로 들어간 앤은 어떤 낯선 기분이 들었다. 할머니에게 이야기를 들어서 그런지 배리의 방에 붙어 있는 말콤 엑스의 포스터와 흑인 관련 책들로 배리의 생각을 짐작할 수 있었다.

"학교에서 무슨 일 있었니?"

"걱정하실 거 없어요."

"무슨 일이 있었는지 엄마에게 이야기해 봐."

앤의 말에 배리는 머뭇거렸다. 그러다가 힘들게 입을 열었다.

"전 후보래요."

"후보? 무슨 후보?"

"농구부 후보 선수요. 백인들은 다 주전으로 뛰고 저는 주전자를 들고 다녀야 하는 후보 선수라고요."

"코치에게 네 실력을 보여줬니?"

"네. 공을 겨우 바닥에 튀길 줄 아는 멍청이도 주전인데, 제가 후보라니요."

앤은 할머니의 말보다 상황이 더 심각하다는 걸 알았다. 어떤 방법으로든 배리를 긍정적이고 자신감 넘치는 아이로 되돌려 놓고 싶었다.

"아직 네 실력을 못 봐서 그럴 거야. 조금만 더 기다려 보자."

"기다려 봐도 변하지 않을 거예요. 이건 제가 잘 알아요."

"네가 뭘 아는데?"

"전 흑인이거든요. 흑인은 원래 백인 다음에 자리가 비면 그때 주전으로 코트에 나갈 수 있어요. 이건 미국 어디를 가든 다 똑같아요."

앤은 당황스러웠다.

앤이 배리의 아빠 버락과 결혼할 당시인 1960년대만 해도 흑인과의 결혼은 상상도 못하던 일이었다. 절반 이상의 주에서 백인과 흑인의 결혼은 죄가 되었다. 그로부터 15년이 지났는데.

"어쩌지?"

오히려 앤이 배리에게 물었다.

"어쩌면 좋니?"

앤은 진심으로 배리에게 묻고 있었다.

엄마 앤도 이런 일이 있을 줄 몰랐다. 열여덟 살에 흑인 버락과 결혼을 할 때만 해도 앤은 지금의 이런 일을 상상하지 못했다. 결혼을 반대하는 주위 사람들을 설득만 하면 모든 게 끝나는 줄 알았다.

그러나 십 수 년이 지난 오늘, 배리에게 닥친 이 일은 설득으로 해결 될 문제가 아니었다. 흑인과의 결혼은 용기가 필요했지만, 배리가 겪고 있는 이 혼란은 용기로 해결될 게 아니었다. 흑인과 흑인이 결혼을 해서 낳은 흑인 아이. 이 아이가 겪는 혼란보다 배리의 경우가 더 큰 혼란이었다. 집에 있는 가족은 모두 백인인데, 자신만 흑인이라는 것.

앤은 소파에 앉아 이 일을 어떻게 할 것인지 고민에 빠졌다. 배리를 위한다고 하다가 잘못되면 배리를 더 깊은 수렁으로 빠뜨릴 수 있었다.

앤과 가족들이 이런 고민에 빠져 있을 때, 배리는 더욱 깊은 좌절감에 몸부림을 치고 있었다. 학교와 농구부에서 배리는 여전히 인종 차별을 당하고 있었다. 백인 여자아이들이 배리를 검은 물소 취급했고, 농구부에서는 물주전자를 들고 다니는 만년 후보가 되었다. 좀 더 높이 좀 더 빠르게 농구공을 던져도 배리를 관심 있게 지켜보는 이는 없었다. 좌절은 폭풍처럼 배리를 내리쳤다. 배리는 흑인 친구들이 초대한 생일 파티에서 술을 마시며 어른들 흉내를 냈다. 이런 자신에 대해 흑인 시인인 할아버지 친구를 만나 인생 상담을 받아보긴 했지만 사춘기에 접어든 배리에게 큰 도움이 못 되었다. 배리는 점점 집으로 오는 시간이 늦었다. 밤이면 친구들과 어울려 해변을 쏘다녔다. 거리에서 농구를 하고, 구석진 곳에서 불을 피워놓고 춤을 췄다. 그들에게 꿈은 구멍 난 풍선마냥 길거리를 돌아다녔고, 그들에게 대학 진학은 없는 듯 보였다.

☆

　졸업을 6개월 앞두고 농구 시합이 있었다. 이날 농구 시합은 좋은 대학을 가기 위해서는 꼭 주전으로 경기에 나가야 했다.

　그러나 배리는 후보로 공 한번 만져보지 못하고 쭉 벤치를 지켰다.

　시합이 끝난 뒤, 화가 난 배리가 코치에게 물었다.

　"왜 주전으로 뛰지 못하죠? 흑인이라서 그런가요? 누가 흑인이 학교의 명예를 망쳐놓으니 빼라고 하던가요? 대체 이유가 뭐죠?"

　화가 난 배리는 욕을 섞어가며 소리쳤다.

　코치는 배리를 뚫어져라 쳐다봤다. 그리고 배리의 손을 낚아채 배리에게 보여줬다.

　"네 손을 봐."

　배리의 손은 하얗다. 그냥 하얀 게 아니라 군살 하나 박히지 않은, 깨끗한 손이었다.

　"넌, 이것 말고 공부가 적성에 맞아. 지금 너에게 농구는 액세서리야. 반짝거리는 머리핀 같은 거."

농구공으로 뒤통수를 얻어맞은 거 같았다.

집으로 돌아오면서 배리는 코치의 이야기를 몇 번씩 되씹어 보았다. 가로등에 손을 비춰보기도 했다. 배리가 봐도 자신의 손은 깨끗했다. 긴 손가락에 잘 다듬어진 손톱, 흠 하나 없는 손등으로 농구를 하기에는 부족했다. 농구는 잘할지 몰라도 자신은 농구에 최선을 다하진 않았다. 그것을 배리는 처음으로 인정했다. 잠시 흑인이라는 것 때문에 혼자 분노하고 있었는지도 모르는 일이었다. 아니, 정작 인종차별주의자는 배리 자신이었다.

'너무 멀리 온 건 아닐까.'

문득 이런 생각이 들었다.

배리는 뒤를 돌아봤다.

아무도 없었다.

이런 방황으로 얼마나 온 것일까.

배리는 지난 시간들을 떠올려봤다. 온통 불만투성이인 시간이었다. 두 명, 세 명, 네 명……, 친구들만 모이면 인종차별에 대한 불만을 터뜨렸다. 그 불만은 자신들을 나쁜 길로 인도하는 길잡이였다. 나쁜 흑인이 되기 위한 좋은 핑계

거리였다.

힘없이 걸어 온 길 끝에는 바다가 펼쳐져 있었다. 오래전에 아빠 버락이 한 것과 같이 배리는 바다에 발을 담갔다.

'너무 멀리 왔어.'

저절로 한숨이 나왔다.

'너무 멀리 왔지만 앞으로 갈 길은 분명히 남았어.'

모래밭에 누웠다.

유독 별이 많은 밤이었다.

검은 하늘에 하얀 별. 밤은 하얀 별이 주인공이지만 낮에는 파란 하늘과 붉은 태양이 주인공이었다.

'세상은 검고, 희고, 빨갛고, 또 파랗다!'

배리는 바닷물에 발을 씻었다. 갑자기 정신이 확 들었다.

'꿈, 그래 나에게도 꿈이 있었지.'

집으로 돌아가면서 배리는 다시 시작하기로 마음을 먹었다. 책 속에서 흑인을 만날 게 아니라 흑인과 백인, 동양계와 멕시코계와 히스패닉계를 모두 포함하는 세계를 만나봐야겠다고 생각했다. 그리고 흑인이라는 유전자는 아빠가 엄마를 만나면서부터 결정되었지만 다가올 미래는 자신이 선택해야겠다고 다짐했다.

집에 도착한 배리는 뭔가를 찾아 돌아다녔다.

"어디에 있지?"

"배리, 조용히 좀 해라."

거실에서 친구와 전화 통화를 하고 있던 할아버지가 시끄럽다며 화를 냈다.

"당신이나 방으로 들어가세요. 늙은이가 시원찮은 목소리로 밤마다 뭘 하는지."

할머니가 할아버지에게 한방 쏘아붙였다. 소파에서 텔레비전을 보고 있던 앤은 할머니와 할아버지가 얼굴만 보면 싸운다고 투덜댔다.

"뭘 찾니?"

허둥대는 배리에게 앤이 물었다.

"아빠가 준 레코드판요."

"뭐 하려고?"

"춤을 출래요."

"춤?"

레코드판은 할머니가 방에서 들고 나왔다. 버릴까 하다가 언젠가 버락이 다시 집으로 오면 찾을 것 같아서 보관해 둔 것이었다.

배리는 레코드판을 조심스럽게 턴테이블에 올렸다. 턴테이블 주위로 할머니와 할아버지가 허리를 굽혀 빙빙 도는 레코드판을 쳐다보고 있었다. 엄마도 그 속에서 어떤 노래가 흘러나올지 잔뜩 기대를 하고 지켜보았다.

찰랑찰랑 물 흐르는 소리가 들렸다. 기타 소리가 들렸다. 이어서 북 소리가 들리면서 사람의 목소리도 들렸다. 어깨를 들썩이던 배리가 엄마의 손을 끌었다. 앤은 영문도 모른 채 거실 한복판으로 끌려나왔다. 배리는 인디언추장처럼, 예전에 버락이 했던 것처럼 두 팔을 벌리고 발을 앞으로 뒤로 빠르게 움직였다. 그러면서 지그시 눈을 감은 채 음악에 맞춰 춤을 췄다. 마치 자신이 아빠 버락이 된 기분이었다. 옆에서 구경만 하던 할아버지가 배리 앞에서 춤을 췄다. 할머니도 거들었다. 앤은 밝은 표정의 배리를 오랜만에 봐서인지 그저 좋았다. 버락을 닮으려는 모습도 좋았다.

"시끄럽게 한다고 아래층에서 욕하지 않을까?"

할머니가 걱정스레 말했다.

"상관없어요. 오늘 우린 축제인걸요."

배리가 말했다.

"하하하."

앤과 할아버지가 크게 웃었다.

배리는 땀까지 흘리며 춤을 췄다. 두 장의 레코드판을 다 들을 때까지 배리는 음악에 맞춰 춤을 췄다. 돌이켜 생각해 보면 루오족, 아빠, 흑인으로부터 제아무리 도망을 가려고 해도 다시 되돌아왔다. 흑인이 백인이 될 수 없는 것. 피부를 벗겨내도 흑인은 흑인이라는 걸 배리는 잘 알고 있었다. 그렇다면 스스로가 인정하는 게 중요했다. 배리는 루오족 흑인처럼 발을 구르며 가슴을 탕탕 쳤다.

"윽!"

아빠가 외치던 소리를 배리가 외쳤다.

나는 버락 후세인 오바마입니다

> 시카고에서 제가 얻었던 가장 큰 배움은
> 평범한 사람들도 힘을 합치면
> 엄청난 일을 해낼 수 있다는 것입니다.

1979년.

7년 동안 다녔던 푸나호우 아카데미를 졸업했다. 졸업하자마자 여러 대학에서 입학허가서를 보내왔다. 그중 배리가 선택한 대학은 로스앤젤레스에 있는 옥시덴탈 칼리지였다.

대학에 들어간 배리는 공부에 큰 매력을 느끼지 못했다. 하와이에 있는 가족과 멀리 떨어져 혼자 살아야 하는 것이 예상외로 힘들었다.

대학을 다니던 배리는 종종 모임에 나갔다.

그러던 하루는 흑인들만 가입할 수 있는 서클에서 토론회가 있다며 배리를 초청했다. 주제는 '흑인들의 나아갈 길'이었다.

"흑인들은 백인에 비해 너무 말을 함부로 해. 욕도 잘하고, 말을 하면서 침도 뱉어. 이건 정말 부끄러운 일이야."

먼저 입을 연 것은 2학년 선배 주디스였다. 빨간색 구두에, 빨간색 바지를 입은 멋쟁이 아가씨였다.

"그렇지. 친절하게 이야기를 하면 될 것을 꼭 욕을 섞어 가면서 이야기를 한단 말이야. 이건 배우지 못해서 그런 거야. 그런 천박한 흑인들과 우리가 다르다는 걸 어떻게 표시를 했으면 좋겠니? 예를 들어 이름표를 만든다거나 사는 곳을 다르게 한다거나, 강제로 버릇없는 흑인들을 모아놓고 가르쳐야 한다고 봐."

같은 2학년 브라운이었다. 그는 항상 옆구리에 책을 끼고 다녔는데 대부분 잡지책이었다.

"그 사람들을 강제로 가르친다는 건 민주주의 국가에서는 불가능한 일이지. 하지만 그 사람들을 어떤 다른 방법으로 가르칠 수 있다면 나도 거기에 한 표를 던지고 싶어. 브라운의 의견은 수정을 해야 하고, 주디스의 의견에는 전적으로 찬성이야."

2학년 볼튼이 두 사람의 의견을 정리했다. 그리고 배리를 향해 미소를 보냈다. 의견을 내보라는 뜻이었다.

"흑인들이 버릇 나쁜 건 사실인가요?"

배리의 이 한 마디가 서클 토론을 혼란에 빠뜨렸다.

"배리, 넌 그렇게 생각하지 않니? 아무 곳에서나 욕을 하고 침을 뱉는 흑인들을 못 본 거야? 여태 어디에서 살다가 왔니?

볼튼이 이상한 아이라며 고개를 살랑살랑 흔들었다.

"제 말은 흑인만 버릇이 나쁘냐는 겁니다. 만약 백인에 비해서 그렇다면 흑인에게 백인과 다른 이유가 있지 않을까요? 예를 들면 백인보다 가난하다거나 백인보다 교육 받을 권리가 박탈되었다거나 백인에 비해 좋은 직업을 얻지 못하거나 하는 거죠. 이건 토론이 아니라 흑인이 흑인의 트집을 잡아서 배운 흑인과 못 배운 흑인을 편 가르자는 겁니다. 이런 토론은 아무 의미가 없습니다."

배리는 자리를 박차고 나가버렸다.

따뜻한 봄날이었다.

화가 난 배리는 자판기에서 커피를 뽑아 들고 벤치에 앉았다. 건너편 나무로 수 십 마리의 새들이 날아와 하얗게 앉았다. 인도네시아에서 본 시꺼먼 까마귀와는 색깔부터 다른 새였다. 새들이 계속 시끄럽게 하자 청소하던 흑인 아저씨가 작대기를 들고 와서 나뭇가지를 툭툭 때렸다. 그 나무 아래에는 자전거를 세워놓고 책을 보는 백인 학생 두 명이 있었다.

"이봐, 조용히 할 수 없어?"

백인 학생이 흑인 아저씨에게 소리를 질렀다.

"누구……."

"검둥이 당신 말이야."

이때 배리도 고개를 돌렸다.

"아, 죄송합니다."

흑인 아저씨는 작대기를 들고 바삐 어디론가 사라졌다.

그 모습을 지켜본 배리는 또 한 번 가슴이 답답했다.

배리는 벤치에서 일어나 서클로 갔다. 그리고 바로 서클 회장에게 탈퇴하겠다고 말했다.

옥시텐탈에는 흑인들이 많았다. 그만큼 흑인들을 위한 서클들이 많았다. 배리는 같은 과에 다니던 흑인 선배가 회장인 서클에 가입했다.

가입 후, 일주일 뒤에 야유회를 가게 되었다. 그곳에서 초록색 눈동자를 가진 조이스라는 여자와 토론을 했다.

"흑인들은 많습니다. 길에도 교회에도 학교에도 흑인들은 많아서 넘칠 지경입니다. 하지만 흑인들의 인권을 위한 조직은 없습니다. 흑인들의 미래를 위해서라도 그런 조직이 만들어져야 합니다."

배리가 흑인들의 힘을 모으자고 했다. 그러자 조이스는 고개를 흔들며 이렇게 말했다.

"난 흑인이 아니야."

조이스는 분명히 흑인이었다.

"흑인이 아니라면 뭐죠?"

"나는 여러 피부 중 검은 피부를 가졌을 뿐이야. 나는 세상에서 하나뿐인 나거든. 바로 나!"

조이스는 이탈리아계 아빠랑 여러 피가 섞인 엄마 사이에서 태어났다.

또 한 번 배리는 충격에 빠졌다.

서클에 있는 대부분의 흑인들은 이런 식이었다. 자신은 흑인이 아니라 한 개인이라는 것이었다.

"가난하고 병들고 힘없는 흑인들은 도움을 얻으려고 하지 말고 스스로 잘 살도록 노력을 해야 해. 앉아서 얻어먹으려는 흑인들을 보면 밥맛도 없어. 내가 왜 그 사람들에게 빵을 줘야 하지? 자기들은 손이 없어 발이 없어!"

서클에서 배리는 아주 긴 시간이 필요하다는 걸 알게 되었다. 모두가 자신의 의견에 박수를 보내는 건 아니었다. 그들은 이십 년가량 살아오면서 배우고, 보고, 부모로부터 듣게 된 이야기들을 바탕으로 토론에 나섰다. 책을 통한 전문지식을 공부하지도 않았다. 그때그때의 기분과 엉망진창인 자기 생각에 굴복하지 않으려 끝까지 버텼다.

"배리, 네가 말하고자 하는 게 대체 뭐야?"

조이스가 흥분한 목소리로 말했다.

"나는 흑인이고, 흑인의 권리가 땅에서 솟거나 하늘에서 떨어지는 걸 원하는 것보다 흑인의 행동을 통해 얻어야 한다고 봅니다. 누가 누구에게 명령을 해서 할 일은 아니지만,

생각이 있는 흑인들이 나서서 전 세계 흑인들의 삶을 조금 더 끌어올려야 한다고 생각합니다."

"그래서?"

"흑인이든 백인이든 차별 없는 세상이 되었으면 합니다. 이것이 제 꿈입니다."

"잘 해봐."

조이스는 문을 쾅 닫고 나가버렸다.

야유회는 배리로 인해 싸늘하게 변했다. 그들은 다음 날 아침 일찍 돌아와야 했다.

학교로 돌아 온 배리는 자신의 생각이 옳은지 틀린지 확인을 하고 싶었다. 도서관에 들어간 배리는 한 달 동안 책만 봤다. 그리고 도서관에서 나와서 자신의 생각과 같은 흑인들을 찾아 나섰다. 자신의 생각을 행동으로 옮겨야겠다고 생각했기 때문이었다.

생각을 같이 하는 친구들이 있었다. 그 친구들은 남아프리카공화국의 인종 차별에 반대하는 집회를 열기 위해 준비 중이었다.

배리는 그 친구들과 함께 미국 기업들이 남아프리카공화국에서 철수하도록 요구하는 집회에 참가했다.

그러나 학생들의 반응은 싸늘했다. 그들은 나무 밑에서 책을 보거나 식사를 했다. 잔디밭에서는 누군가 원반을 던지며 뛰어다녔고, 점심 식사를 마친 사람들은 삼삼오오 수다를 떨며 나른한 한때를 즐기고 있었다.

연단에 오른 배리는 그런 학생들을 지켜보며 가슴이 답답했다. 그래서 어떤 이야기를 어떻게 해야 할지 몰랐다.

"누군가 투쟁하고 있습니다."

배리의 첫 마디는 이렇게 시작되었다. 그리고 가슴 속에 꼭꼭 숨어있던 말들이 순서대로 천천히 잔디밭으로, 나무 그늘 밑으로 흘러갔다. 계곡에서 아래로 흐르는 은빛 물처럼 그렇게 배리의 말은 사람들 가슴으로 스며들었다. 잔디밭에서 플라스틱 원반을 던지던 사람도, 삼삼오오 모여 수다를 떨던 사람들도 모두 배리를 향해 눈을 돌리기 시작했다. 배리가 더 큰 목소리로 바다 건너에서 일어나고 있는 일들을 이야기하자, 하나 둘씩 일어나 배리의 말에 박수를 쳤다.

"저에게도 꿈이 있습니다. 링컨 대통령과 같이 백악관에

서 미국을 위해 일하는 것입니다. 링컨 대통령과 같이 백악관에서 미국에 있는 흑인들과 소수 인종들의 행복을 위해 일하는 것입니다. 하지만 링컨 대통령이 노예해방을 선언했어도 지금 미국은 달라지지 않았습니다. 겉으로는 달라졌지만 많은 흑인들이 차별 속에서 살고 있습니다. 바다 건너 아프리카에 있는 흑인들에게도 우리들은 차별하고 있습니다. 이스라엘과 같은 작은 나라에서 교통사고가 나도 관심을 보이던 사람들이 아프리카에서 폭발 사고로 수많은 사람들이 죽어도 관심이 없습니다……."

배리의 연설은 뜨거웠다. 몸 안에 있던 그동안의 생각들이 쉴 새 없이 쏟아져나왔다. 손도 바람을 휘감으며 청중들의 눈을 사로잡았다.

"굿!"

연설을 끝내자 제일 먼저 배리의 귀에 들린 말이었다.

"사람들의 귀를 모으는 기술이 있는 걸."

"난 배리가 대통령 후보 연설을 하는 줄 알았어."

연단을 내려오자 친구들이 배리의 어깨를 치며 이렇게 말했다. 다들 예상 밖으로 좋은 연설이었다고 했다.

배리는 그날, 연단에서의 연설로 몇 가지 배운 게 있었다. 자신의 생각과는 달리 대부분의 사람들은 관심이 없다는 것이었다. 그리고 연단에 서서 연설하는 것보다 직접 거리에서 흑인들을 만나고 그들을 조직하는 게 더 값지다고 생각했다.

배리는 틈틈이 지하도에 있는 노숙자들을 만났다. 어떨 때는 노숙자들에게 찾아가서 그들이 필요로 하는 것들이 뭔지 알아 와서 시청에 편지를 써 보내기도 했다.

이런 배리를 두고 친구들은 또 토론을 했다. 친구 헐버트가 주최한 토론이었다.

"지하도에 있는 한 늙은 흑인의 하루 식사를 제공했다고 흑인의 삶이 나아질까?"

헐버트가 배리의 행동을 토론에 부쳤다.

"다음날에는 더 좋은 음식을 달라고 할 걸? 배리, 미국에 흑인이 몇 명인 줄 아니? 자그마치 삼천삼백구십사만 명이라고. 그 사람들을 일일이 만나서 밥을 사줄 수는 없는 노릇이잖아. 그래서 정치가 필요한 거야. 정책을 만들어서 그 사람들에게 혜택이 돌아가도록 해야 하는 거지."

배리의 얼굴이 굳어졌다.

"너무 작은 일이야. 조금 더 멀리 볼 수 있는 일들을 해야 해. 만약 배리의 생각이 맞다고 해도, 식사를 제공하는 일은 극히 작은 일이야. 미국 흑인들, 또는 전 세계 흑인들을 위한 일을 해야 해. 담요 한 장으로 한 사람의 흑인을 덮어줄 게 아니라 세계 흑인들이 모두 덮을 수 있는 담요가 필요하다고. 배리, 넌 어떻게 생각하니?"

친구 헐버트가 물었다.

"맞아. 내가 작은 일에 너무 많은 시간을 쏟은 것은 사실이야. 그렇다면 큰 담요는 어디서 구하지? 신물 나는 정치로? 큰 담요를 구하기 위해서 미국 하원의원이 되고, 상원의원이 되고, 대통령이 되어야만 풀 수 있는 거야? 내가 볼 때는 꼭 그렇지만은 않은 것 같아. 작지만 더 많은 사람들이 이 일에 동참한다면 불가능한 것도 아니라고 봐. 그래서 우리들에게는 그런 일을 할 수 있는 조직, 조직이 필요해!"

"난 배리의 말에 동의해."

"우리들 중 누군가가 대통령이 되지 못한다면 흑인을 위한 큰 조직이 있어야겠지."

토론에 참석한 친구들은 배리의 말에 동의했다. 그리고 그 조직을 만들기 위해 열심히 학교를 뛰어다녔다.

☆

1982년 2월, 배리는 옥시텐탈 칼리지를 졸업했다. 졸업하자마자 배리에게 입학허가서가 날아들었다. 그중에 뉴욕에 있는 컬럼비아 대학도 있었다.

뜸들이지 않고 배리는 컬럼비아 대학에 입학했다.

배리는 곧바로 뉴욕으로 날아갔다.

어마어마하게 큰 도시에 도착한 배리는 공원에서 비둘기들과 같이 잠을 자기도 했다. 그러다가 친구의 소개로 겨우 작은 아파트를 얻을 수 있었다. 의자 하나, 책상 하나, 접시 세 개, 수건 두 장이 전부인 아파트였다.

컬럼비아 대학에 다니는 동안 배리의 생활은 양을 치는 목동과도 같았다. 뭐 하나 제대로 갖추어지지 않은 아파트에서 잘못된 자신의 생각을 깎아내고, 오해를 했던 부분들을 깎아내야 했다. 공부를 하는 건 새로운 지식을 배우는 것보다 잘못된 자신의 생각을 바로 잡는데 있었다. 그래서 공부는 자신과의 힘든 싸움이었다.

공부에 빠져 있는 동안 배리는 운동도 게을리 하지 않았다. 매일 같이 농구공을 들고 코트를 뛰어다니지는 않았지만 아침마다 5km 정도를 뛰었다.

그러던 어느 날, 하와이에서 엄마와 여동생 마야가 찾아왔다.

"세상에……."

집이 엉망인 걸 본 앤과 마야는 입을 다물지 못했다.

"이런 돼지우리에서 공부를 하다니……."

며칠에 걸쳐 앤은 아파트를 청소했다.

"배리, 영화 보러 안 갈래?"

청소를 끝낸 앤이 배리를 졸랐다.

"영화요? 무슨 영화인데요?"

"흑인 오르페."

"당연히 흑인이 주인공이겠네요?"

"그럼, 이 엄마가 얼마나 보고 싶었는데, 갈 거지?"

"네."

택시를 타고 영화관에 도착한 앤은 소녀처럼 들떠있었다.

아들과 딸을 데리고 영화관에 온 것이 그때가 처음이었다.

영화를 보던 앤은 소녀처럼 좋아했다. 특히 흑인이 유치한 행동을 할 때마다 앤은 두 손을 모은 채 탄성을 질렀다. 그것을 본 배리는 엄마가 아직 아빠를 잊지 못하는 것 같아 마음이 아팠다. 또 엄마는 흑인이 순수하다는 걸 믿고 있었다. 배리가 볼 때 엄마는 흑인에 대한 환상을 가지고 있었다. 배리는 영화를 그만 보고 싶었다. 흑인은 순박하다고 생각하는 것은 생각하기에 따라서는 인종 차별에 해당되었다. 또 이런 영화를 보자고 하는 앤의 속마음에는 배리에게 흑인으로서의 자신감을 갖도록 하기 위한 일종의 위로 잔치가 아닐까, 배리는 의심도 품고 있었다.

앤이 하와이로 돌아간 뒤 배리는 다시 책 속에 파묻혔다. 정치, 철학, 문학, 종교학 등 다방면에 관심이 많았던 배리는 특히 다양한 인종들이 참여하는 사회에 많은 시간을 할애했다. 여기에는 정치학 교수의 영향력이 컸다. 정치학 교수는 배리에게 다양한 목소리를 듣는 법을 배우라고 했다. 누구의 말이든 듣고 판단하라고 했다. 옳고 틀린 것은 배리

가 판단할 게 아니라 그 사람이 판단하도록 내버려두라고도 했다. 이것을 위해서는 언제든지 토론할 자세를 가져야 한다고 했다.

집에서 공부만 하던 배리는 종종 뉴욕 할렘가를 찾아갔다. 제시 잭슨 목사의 연설을 들으려고 찾아가기도 했고, 흑인들의 삶을 살펴볼 생각도 있었다. 할렘가에 흑인들은 농구를 했고, 삼삼오오 모여 담배를 피웠고, 벤치에 쓰러져 잠을 잤고, 골목에 오줌을 누었고, 패를 나눠 싸움을 했다. 그 현장에 배리는 진지한 모습으로 자주 서 있었다.

☆

11월 찬 바람이 불던 때였다. 집으로 전화가 걸려왔다.

"누구시죠?"

전화기에서 소리가 잘 들리지 않았다.

"저기, 누구시죠?"

"배리니?"

한숨 섞인 목소리가 들려왔다.

"네, 제가 배리입니다."

"나야, 제인 고모."

배리는 순간 불길한 생각이 들었다. 습기 찬 목소리에 케냐에 있는 제인 고모라니.

"배리, 아빠가 교통사고로 돌아가셨구나. 어떻게 해야 좋을지 모르겠구나. 보스톤에 있는 네 삼촌에게 전화를 좀 해 주겠니? 배리, 듣고 있니?"

"네……."

배리는 다리에 힘이 없어 쓰러졌다. 천장이 무너지는 것 같았다. 까맣게 잊고 있던 아빠였다. 그러면서도 매일 떠올리던 아빠였다. 화장실에서 거울을 볼 때면 자신의 얼굴에 묻어 있는 아빠 버릇을 떠올리곤 했다. 그런 아빠가 교통사고라니…….

충격에 쓰러져 있던 배리는 수첩을 뒤져 보스톤에 있는 삼촌에게 이 사실을 알렸다. 그리고 그날은 꼼짝하지 않고 집에 틀어박혀 있었다.

"엄마……."

하와이에 있는 앤이 무슨 일이냐며 다그쳤다.

"아빠가 돌아가셨대요."

"뭐? 버락이?"

앤은 말을 잇지 못했다.

전화기 저편에서 흐느끼는 소리가 들렸다. 배리는 수화기를 내려놓았다. 하와이에서도, 인도네시아에서도 앤은 항상 버락을 생각했다. 배리에게도 배리가 닮아야 하는 사람은 아빠 버락이라고 늘 말했었다.

배리는 좌표를 잃은 듯 했다. 태풍이 불고, 천둥이 치면 이제 어디로 가야할지 막막했다.

배리는 뉴욕에 와서 처음으로 농구공을 들었다. 거리로 나간 배리는 농구공을 치며 공터에서 혼자 땀을 흘렸다. 땀인지 눈물인지 끊이지 않고 쏟아졌다.

"배리, 여기서 뭐 하니?"

같이 푸나호우 아카데미를 다녔던 사디크였다.

"사디크."

"왜?"

"난 배리가 아니라 버락 오바마야. 버락 후세인 오바마!"

"배리……."

사디크는 울고 있는 배리를 보고 서 있었다. 이십년 넘게 배리라고 불렀던 사디크는 고개를 갸우뚱거리며 발로 땅을 찼다.

"무슨 일 있어?"

"아니, 무슨 일은 없어. 다만, 난 오늘부터 버락 후세인 오바마야. 앞으로 그렇게 불러주면 좋겠어."

"알았어, 오바마……."

☆

1983년, 오바마는 컬럼비아 대학을 졸업했다.

졸업하자마자 많은 곳에서 직장을 추천했다. 오바마는 모두 거절했다. 자신이 꿈꾸던 일을 하고 싶었다. 그 일은 흑인들을 조직하는 사회운동이었다.

오바마는 밤새 편지를 썼다. 사회운동을 하고 싶은데 자리를 구할 수 있느냐는 편지였다. 미국 전역에 편지를 보냈지만 답장은 한 군데에서도 오지 않았다.

오바마는 실망하지 않았다. 서두를 일이 아니었다. 오바마는 일단 생활비를 마련하기로 했다. 그래서 맨해튼에 있는 금융컨설팅회사에 취직을 했다. 거기서 오바마는 몇 가지 눈에 띄는 성과를 올렸다. 젊은 흑인이지만 높은 사람들은 오바마를 눈여겨봤다. 앞으로 큰 인물이 될 거라는 평판이 오바마의 귀에도 들렸다. 그런 칭찬은 오바마에게 도움이 되지 않았다. 오바마의 생각은 변하지 않았다. 시간이 가면 갈수록 흑인 조직을 어떻게 만들어야 할지 점점 그림이 그려지고 있었다.

"흑인 조직을 만든다고? 자네가?"

같은 회사에 다니던 사람들은 오바마의 꿈이 터무니없다고 말했다.

"자네같이 훌륭한 사람이 흑인들을 위해 더러운 곳으로 가다니. 자네 어디 아픈가?"

대부분의 흑인들은 오바마에게 이렇게 말했다.

"흑인이 흑인을 위해서 일하는 게 나쁜 일은 아니죠."

"그렇지. 그렇지만 하필이면 왜 자네가 그 일을 해야 하는가 말일세."

"왜죠?"

"자넨 너저분한 흑인이 아니잖은가."

"너저분한 흑인과 많이 배운 흑인의 차이는 뭐죠?"

"너저분한 흑인들은 더러운 곳인 줄 알면서 그곳에 사는 거지. 불평불만만 키우면서 말일세. 자네처럼 많이 배운 흑인들은 그런 사람들이 출입하는 곳에서 배운 사람들이 권하는 술을 마시며 살아가지. 그 차이야. 각자의 삶이라는 거야. 자네가 가서 그들을 어찌 해보려는 건 자네 생각이지, 정작 그들은 자넬 필요하지 않을지도 몰라. 그 사람들은 그 사람들 나름대로 살아가는 방식이 있거든."

"관심이 아니라, 행동입니다. 저와 같이 생각하는 사람들이 한 명, 두 명 모이면 조직이 되고, 그 조직은 분명히 미국에 사는 흑인 전체를 이끌어 낼 것입니다. 우리의 목표는 차별 받지 않는 흑인들! 백인과 구분 짓는 흑인이 아니라 인종에 관계없이 모두 다 같이 평등하고 행복하게 살 수 있는 권리를 찾는 것입니다."

"자넨 슈퍼맨이거나 몽유병 환자야."

"……."

대부분의 이야기는 이렇게 끝이 났다.

회사를 그만 뒀다. 그리고 전국에 있는 사회운동단체에 다시 편지를 보냈다. 아무도 답장을 보내오지 않았다.

오바마는 6개월 동안 깡통에 든 음식을 먹으며 시간을 보냈다. 그러던 중 마티라는 사람이 전화를 걸어왔다. 같이 조직사업을 해보자고 했다.

1985년 6월, 오바마는 시카고로 이사했다. 아주 오래전에 엄마와 마야, 할머니와 같이 여행을 온 도시였다. 오바마는 그곳 빈민가에서 인권 운동가의 길에 들어섰다.

시카고는 가난한 흑인들의 도시였다. 작은 아프리카와도 같았다. 골목마다 흑인들이 해바라기 씨를 뱉으며 서성거렸다. 그들은 어떤 목표도 보이지 않는 흐리멍덩한 시선으로 오바마를 쳐다보고 있었다. 더 이상 나빠질 게 없는, 인생 밑바닥의 사람들이 무너져가는 건물 아래에서 시간을 보내고 있었다. 오바마가 담당했던 시카고 남부 지역인 로즈랜드와 서부 풀먼 지역도 그리 다른 게 없었다. 상점들은 흑인에 대한 두려움이 깔려 있었고, 치안 유지를 위해 곳곳에 경찰이 진을 치고 있었다.

오바마는 비좁은 사무실에서 일주일에 30명가량의 사람들을 만나 인터뷰를 했다. 그들의 말을 듣고 조직을 만들기 위해서였다. 그리고 사우스 사이드에서 주민들의 주거, 교육환경 개선을 위해 밤낮 없이 뛰어다녔다. 컬럼비아 대학 졸업생에게 어울리지 않는 연봉 1만 2,000달러짜리 일자리였다.

시카고에 온 오바마는 흑인들이 처해진 현실을 좀 더 많이 알게 되었다. 종종 어떤 이유에선지 흑인이 부동산을 소유하는 게 금지되었고, 대출이 주어지지 않았으며, 흑인 집주인은 연방주택관리청의 저렴한 주택저당대출을 이용할 수 없었고, 흑인들은 노조와, 경찰과, 소방서에서 제외되었다. 이것은 흑인과 백인간의 부와 소득격차를 점점 더 늘이는 큰 문제였다.

모든 게 다 잘 풀리지는 않았다. 오바마에게도 시련이 닥쳐왔다. 그것은 교회마다 주장들이 강했다. 흑인들에게 돌아가야 할 권한들이 흑인들 스스로에 의해 거부되기 일쑤였다. 그들을 두고 오바마는 무지한 데서 비롯되었다고 보지 않았다. 그들은 법률을 몰랐을 뿐이고, 그들을 도와줄 법률가가 없다는 현실에 가슴이 아팠다.

또 시카고 흑인 인권운동에 시련을 준 것은 시카고 시장이었던 흑인 워싱턴이 사망했다는 것이었다. 워싱턴의 사망은 시카고에 큰 충격을 줬고, 오바마에게도 자신을 되돌아볼 기회를 줬다. 시장이 바뀐 뒤에 많은 곳에서 계획했던 일들이 진행되지 않았다. 시청 사람들은 사사건건 법을 따졌다. 그 법을 누가 만들었냐며 오바마가 화를 내기도 했다. 하지만 그 법을 백인이 만들었건, 흑인이 만들었건 모르면 소용이 없었다.

늦게 안 사실이 하나 있었다. 그것은 워싱턴 시장이 노스웨스턴 법대를 졸업했다는 사실이었다. 법대를 졸업한 워싱턴은 흑인을 위해 시카고 시장에 진출해서 죽기 전까지는 성공을 이루었다. 오바마는 워싱턴 시장이 갔던 길을 가고자 했다.

"법대 자격증을 가지고 다시 와야겠습니다."

오바마는 마티에게 이렇게 말하고 다시 공부를 시작했다. 그리고 스물일곱에 하버드 법대 대학원 로스쿨에 입학했다. 기적이 일어난 것이다.

흑인 대통령 오바마

저는 역사적인 이 순간에 대통령에 출마할 것을 선택했습니다.
왜냐하면 우리가 '함께' 풀지 않는다면,
우리 시대의 문제를 풀 수 없다고 생각하기 때문입니다.

1988년 9월, 오바마는 하버드 법대 대학원 로스쿨에 다니기 위해 보스턴으로 이사를 왔다.

"축하한다, 배리."

하와이에서 엄마 앤이 전화를 했다.

"이제 배리라 부르지 마세요. 스물일곱이나 먹었는걸요."

"아, 그렇구나. 하여튼 축하한다. 넌 좋은 법률가가 될 거야. 옆에 할머니도 축하한다는구나."

"고마워요."

오바마는 의대, 경영대, 법대에 다니는 흑인들과 종종 토론을 벌였다. 대부분의 흑인들은 흑인의 문제보다는 자기 개인의 문제에 더 관심이 많았다. 토론을 즐기는 흑인들조차도 '흑인'이라는 주제로 이야기만 할뿐 진정한 고민은 없었다. 이런 흑인들에게 오바마의 입장은 차가웠다.

"토론을 하고 있는 지금 이 순간에도 빈민지역에 흑인들은 굶고 있습니다. 이 토론이 언제 끝날지 기다려야 합니까?"

시카고에서 흑인들의 삶을 똑똑히 지켜봤던 오바마로서는 그럴 수밖에 없었다.

그 이후에도 오바마의 입장은 변하지 않았다. 토론을 좋아하면서도 실천하는 흑인이 되고자 노력했다. 도서관에서 흑인들이 차별 받고 있는 법률을 찾아 목록을 작성했고, 그것을 시카고에서 인권운동을 하는 사람들에게 보내 어떻게 고쳐야할지 묻기도 했다. 자신은 하버드 대학에 와 있었지만 관심은 시카고에 가 있었다.

2년 뒤, 2월이었다.

오바마는 하버드 법대 로스쿨 편집장 선거에 나갔다. 전통적으로 편집장을 해왔던 보수적인 학생들과 새로 도전하는 진보적인 학생들이 둘로 나누어져 선거를 치르고 있었다. 흑인인 오바마가 나서기에는 턱없이 부족해 보이는 선거였다.

하지만 오바마는 진보도 보수도 아닌, 가운데 서 있었다. 오바마가 중요하게 생각한 것은 싸우지 않고 하나가 되어야 한다는 것이었다.

"흑인이잖아."

오바마의 선거 포스터를 본 한 학생이 고개를 갸우뚱거렸다.

"흑인이 편집장이 되는 것도 나쁘지 않지."

또 다른 학생이 말했다.

"흑인이기 때문에 오바마가 되어야 하는 건 아냐. 우린 인종 차별 같은 거 안 하거든. 대신, 이 친구의 능력이 어느 정도인지 알 수가 없으니 문제지."

겉으로는 많은 학생들이 오바마의 피부보다는 능력이 어떤지 궁금해 했다. 대놓고 흑인이기에 편집장이 될 수 없다고 하면 인종차별주의자로 몰릴 수 있기 때문이었다.

하지만 오바마가 연설을 위해 연단에 섰을 때, 이러한 걱정은 사라지기 시작했다.

"남쪽과 북쪽, 동쪽과 서쪽, 진보와 보수, 흑인과 백인, 남자와 여자, 부자와 가난한 사람, 배운 사람과 못 배운 사람……. 우리는 사람을 볼 때마다 이런 식으로 구분을 짓습니다. 여기! 미국 최고의 로스쿨 편집장 선거에서도 이 지긋지긋한 구분은 계속 되고 있습니다. 이것이 우릴 망쳐놓고 있습니다. 이것이 미국을 망쳐놓는 습관입니다. 이것이 전 세계를 전쟁으로 몰아넣는 이기적인 생각입니다."

오바마의 연설에 모두 박수를 보냈다.

처음에는 진보와 보수로 갈라졌던 학생들이 우왕좌왕 하면서 투표 결과는 예상을 빗나갔다. 보수적인 학생도, 진보적인 학생도 아닌, 오바마가 당선된 것이었다. 오바마가 흑인 최초로 하버드 법대 학회지의 편집장이 된 것이었다.

편집장이 된 오바마는 마음이 편치 않았다. 주변에서 오바마를 지켜보는 시선들이 너무 많았다. 언론사 여기저기에서 하버드 대학 로스쿨 편집장으로 흑인이 당선되었다며 인터뷰를 하기도 했다. 그런 만큼 오바마는 공명정대하게 일을 처리해야 했다. 그래서 오바마는 흑인이든 백인이든 가장 일을 잘하는 학생을 편집부 임원으로 뽑았다. 그것은 오바마를 지켜보던 흑인들에게 불만을 살 수 밖에 없는 일이었다.

"흑인이 백인을 뽑다니!"

예상했던 흑인들의 불평이 쏟아졌다.

"오바마는 공평하지 못해."

흑인들은 오바마가 백인을 더 좋아한다며 소문을 내기도 했다.

하지만 오바마의 마음은 그렇지 않았다. 학생들의 관심이 로스쿨 학회지 편집에 있는 게 아니라 정치에 관심이 있다며 오히려 그들을 야단쳤다. 그것은 백인이든 흑인이든 마찬가지였다. 그들이 정작 해야 할 일은 법률에 대한 연구인데 도서관 밖에서 정치를 한다며 소리쳤다. 인종차별자 중에는 흑인도 있다며 대들기도 했다.

이러한 오바마의 태도에 지지를 보내는 학생들이 모이기 시작했다. 시간이 흐르면서 논쟁을 위한 논쟁, 싸움을 위한 싸움에 지친 학생들이 오바마의 의견에 박수를 보냈다. 전체를 위해, 좋은 의견을 위해 뭉쳐야 한다는 오바마의 생각!

1991년 6월, 마침내 오바마는 하버드 법대 대학원 로스쿨을 수석으로 졸업했다.

기적과도 같은 일이었다. 이 기적을 쭉 지켜봐 온 기업들이 오바마를 가만두지 않았다. 서로 자신의 기업에 취직을 하라고 매일 극성스럽게 전화를 걸어왔다. 그때마다 오바마는 친절하게 이렇게 말했다.

"저는 다시 시카고로 갈 것입니다. 그곳에서 인권변호사로 흑인들을 위해 열심히 일할 것입니다."

사람들은 깜짝 놀랐다. 당시 로스쿨 학회지를 받아 본 사람들이라면 편집장이었던 오바마의 능력을 잘 알고 있었다. 정치, 법률, 문화, 경제, 사회, 각 방면에서 재주가 뛰어난 오바마가 흑인들이 득실거리는 시카고로 가서 인권변호사가 될 거라고 믿었던 사람은 아무도 없었다. 그 잘난 흑인이 더러운 시카고로 가다니.

"배리, 엄마는 너의 판단을 믿는다. 하지만 다시 시카고로 가는 건 이해가 되지 않는구나."

마야와 앤이 오바마를 만나기 위해 비행기를 타고 보스턴으로 왔다.

"어머니, 전 꿈이 있습니다. 그 꿈을 여기서 포기할 수는 없습니다. 제 꿈은 멋진 법률가도, 평판이 좋은 시장도 아닙니다. 전 가난한 흑인들과 같이 미국의 겸손한 시민으로 살아가는 것입니다. 가난한 흑인들의 좋은 말벗이 된다면 이것보다 더 훌륭한 일은 없습니다. 아버지 버락이 살아계셨다면 아마도 당장 허락했을 것입니다."

오바마는 앤의 손을 잡고 말했다.

"너의 뜻이 그렇다면 어쩔 수 없겠지만 한 번 더 생각해봐라. 한 번 더 생각해서 변하지 않으면 그땐 네 뜻대로 해라."

오바마의 단단한 의지를 꺾지 못할 것이라는 걸 알고 있던 앤은 다음 날 바로 하와이로 떠났다.

"미치지 않고서야 다시 시카고로 갈 순 없지."

친구 사디크도 오바마를 말렸지만 소용없었다.

많은 사람들이 시카고로 돌아간다는 오바마를 설득하려 했지만 실패했다.

오바마는 두 개의 가방을 들고 다시 시카고로 날아갔다.

"어이, 오바마가 돌아왔군."

그때까지도 시카고에서 흑인 조직사업을 하고 있던 마티

가 오바마를 반갑게 맞이했다.

"약속을 했잖아요. 꼭 다시 돌아온다고요."

"난 풋내기가 농담하는 줄 알았지."

시카고에 도착한 오바마는 바로 자선봉사 단체에서 무료 법률상담을 했다.

오바마가 떠났던 시카고는 그 전보다 더 나빠져 있었다. 가난한 흑인들은 더 가난했고, 정부로부터 지원은 거의 없었다.

오바마는 몇 년 전보다 더 열심히 일했다. 많은 흑인들을 만났고, 많은 흑인 지도자들을 설득하고 다녔다. 다양한 종교를 뛰어넘어 하나가 되자고 말했다. 강력한 조직을 만들어서 흑인들이 행복해질 수 있는 법률을 만들자고 말했다. 반응은 좋았다. 흑인 조직을 만들기 위해 갓 스무 살을 넘긴 청년이 시카고 변두리를 돌아다닐 때와는 달랐다. 말솜씨도 늘었고, 자신을 보는 사람들의 눈도 분명 달라졌다. 그 결과, 오바마는 인권변호사로 시카고에서 유명한 사람이 되었다.

그리고 오바마를 더욱 유명하게 만든 건 같은 법률 회사에서 만나게 된 미셸 라본 로빈슨이었다.

1992년, 오바마는 그녀와 결혼을 했다. 시카고에서 가장 아름다운 여성 법률가 미셀과 시카고에서 가장 잘생긴 오바마가 결혼을 한 것이었다.

결혼 후 오바마는 시카고 대학교 법과대학에서 법학개론을 가르쳤다. 가난한 흑인들의 삶을 들여다보는 것도 중요했지만 미래 법률가들을 길러내는 일도 오바마는 중요하게 생각했다.

하지만 흑인 거주 지역에 세워진 시카고 대학에 강의를 하던 오바마를 가난한 흑인들은 싫어했다. 또 남부와 서부의 흑인조직들도 시카고 대학에서 강의를 하는 오바마를 싫어했다. 흑인 거주 지역에서 백인을 위한 강의를 한다는 것이었다. 그러나 오바마는 흑인 학생과 백인 학생 모두에게 인기 있는 강사였다.

☆

그 즈음에 오바마는 흑인인 이복 여동생 아우마와 케냐로 여행을 갔다. 아우마가 먼저 케냐로 들어갔고, 오바마는 유럽에 있었다.

결국 오바마는 며칠 유럽을 여행하고 곧장 케냐로 들어간다는 아우마와의 약속을 지키지 못했다. 시카고에서 유럽까지는 왔지만 차마 케냐로 들어갈 용기가 나지 않았다. 마음속으로는 아빠 버락에 대해 끊임없이 이해하고 존경했지만, 자신의 고향이 케냐라는 사실에 가슴이 답답했다. 그곳에 남아 있을 아빠의 많은 가족들을 만나는 것도 부담이 되었다.

하지만 여러 날을 유럽에서 보낸 오바마는 케냐로 떠났다.

나이로비 공항에 내린 오바마는 사진에서 보는 케냐가 아니라 기름 냄새가 지독하게 나는 아빠의 고향을 보았다. 지평선에는 가시나무와 반얀나무가 서 있고, 소형 버스가 먼지를 날리며 달리고 있었다.

"이 공항에서 아빠가 하와이로 갔을 거야."

공항에서 만난 아우마가 말했다.

"그때 기분이 어땠을까?"

오바마와 아우마는 벤치에 앉았다.

"누구?"

"아빠."

"글쎄. 가족들을 위해서는 꼭 돌아와야 했지만, 결코 돌아오고 싶지 않았을 거야."

"왜?"

"케냐에서 사는 게 어떤지 잘 알고 있었으니까. 또 그때는 영국의 식민지였으니까 유학을 갔다 와도 살기 힘들었을 거야."

"그랬겠지……."

아우마가 일어섰다.

"가자. 집까지는 엄청 멀어."

오바마와 아우마는 차를 타고 달렸다.

오바마는 조금 뒤에 만날 가족들에 대해 물어봤다. 아우마는 자세히 이야기하지 않았다. 버락이 교통사고로 죽은 뒤 가족들은 관계가 썩 나빠졌다고 했다. 지나가는 말로 재산 문제로 서로 미워한다고도 했다.

아우마의 말대로 오바마가 본 가족들은 그랬다. 버락의 많은 아내들은 형제처럼 잘 지냈지만 미국에서 케냐로 건너온 백인 부인 러스는 버락과 이혼하고 탄자니아 남자와 결혼을 했다. 이 모든 가족들을 돌아보는 데도 꽤 시간이 걸렸다. 같이 사진을 찍었고, 가난한 친척들에게는 오바마가 돈

도 쥐어줘야 했다. 또 백수가 된 이복동생들에게는 오바마가 용기를 줘야 했다. 아주 오래전에 했던 거짓말처럼 오바마는 루오족의 추장이나 다를 바 없었다. 아빠가 없는 루오족 친척들은 모두 오바마를 귀하게 여겼다. 의지하려고도 했고, 가난한 자신들을 도와달라고 부탁을 하기도 했다.

돌아오는 날, 비행기가 나이로비 공항을 벗어나자마자 오바마는 커튼을 쳤다.

생각했던 것보다 아빠의 존재가 컸다. 그 많은 사람들이 아빠만을 위해 살았던 것이었다. 그것을 본 오바마는 루오족을 위해 어떤 일을 해야 할지 오랫동안 생각에 잠겼다. 아직도 창문 밖에는 친척들이 하얀 손을 흔들고 있는 것 같았다.

'아빠······.'

☆

1996년 1월. 오바마는 일리노이주 민주당 상원의원에 당선되었고, 2년 뒤에 재선되었다. 2000년에는 연방하원의원에 출마했지만 예비선거에서 떨어졌다. 그로부터 2년 뒤에 오바마는 다시 일리노이주 상원의원이 되었고, 2003년과

2004년에 연방상원의원이 되었다. 압도적인 지지였다.

오바마가 텔레비전에 자주 등장한 건 이때부터였다.

오바마는 2007년 민주당 보스톤 전당대회 연설에서 미국인들의 가슴을 뭉클하게 만들었다. 그리고 뜨거운 열기를 모아 마침내 민주당 대통령 후보가 되었다.

☆

오바마의 대통령 선거운동으로 한참 뜨거울 때, 사우스캐롤라이나 주에서는 특별한 토론회가 있었다.

토론회에 모인 사람들은 모두 오바마를 지지했다. 하루 종일 거리에 나가 오바마를 외치고, 노래를 부르던 사람들이 그날은 우리가 왜 오바마를 지지해야 하는지 토론을 하는 자리였다.

왜 오바마를 지지해야 하는지 돌아가면서 한 사람씩 이야기를 했다.

"제가 아홉 살이었을 때, 어머니가 암에 걸렸습니다. 그리고 어머니는 금방 해고당했고, 건강보험을 잃었습니다. 우리는 파산신청을 해야 했습니다. 저는 그때부터 어머니를 돕기 위해 뭔가를 해야 한다고 결심했습니다. 병원비가 비싸서 우리는 매일 겨자 야채 샌드위치만 먹었습니다. 지긋지긋하게 먹었습니다. 그래서 저는 오바마를 지지합니다. 오바마는 이런 의료보험제도를 고쳐줄 것입니다."

오바마의 지지자 중 스물세 살 백인 여성, 애쉴리가 말했다.

"더 많은 돈을 벌면 되잖아요."

어떤 사람이 농담으로 한 마디 던졌다.

"제가 번 돈의 대부분은 병원비로 썼습니다. 더 벌면 벌수록 병원비는 늘어만 갔습니다."

"국가에 너무 많은 걸 기대하는 건 아닌가요?"

"오바마라면 기대해도 좋을 것 같습니다. 다른 사람은 몰라도 오바마라면!"

그 자리에 모인 사람들은 자신들이 오바마 선거운동을 하는 것은 자신과 자녀들에게 행복을 가져다주는 일이라고 믿고 있었다.

다음은 조용히 앉아있는 흑인 노인 차례였다.

"여기에 어떻게 왔죠?"

누가 노인에게 물었다.

"……."

노인은 아무 말도 하지 않았다. 건강보험이나 경제를 말하지도 않았다. 교육이나 전쟁도 말하지 않았다. 오바마를 위해 이 자리에 있다고도 하지 않았다.

"나는 애쉴리 당신 때문에 여기에 왔소."

노인은 간단히 말했다.

☆

2008년 11월 5일, 제 44대 미국 대통령으로 버락 오바마가 당선되었다.

☆

2008년 12월 24일 크리스마스. 오바마는 대통령에 당선된 뒤 처음 맞는 크리스마스였다. 오바마는 아내와 두 딸 말리아와 사샤를 데리고 고향인 하와이로 떠났다.

하와이에 도착한 오바마는 두 딸을 데리고 바닷가로 나갔다. 12월이었지만 하와이의 바람은 선선했다. 굴러오는 파도를 보며 두 딸은 마냥 즐거워했다.

그런 모습을 보고 오바마는 아주 오래전에 이곳을 찾은 자신과 그리고 버락을 떠올렸다. 파도에 열등감을 씻어내고 또 파도에 자신감을 가졌던 일.

어두워진 해변에서 오바마는 두 딸들을 모래사장에 앉혔다.

"아폴로 우주선이 달에 갔다가 돌아오면서 아빠에게 손을 흔들었단다."

오바마가 딸 말리아에게 말했다.

"거짓말."

"진짜야."

"굉장히 빠를 텐데?"

"할아버지가 봤데. 할아버지는 거짓말 같은 거 몰라."

오바마의 머릿속으로 옛 기억들이 빠르게 지나갔다. 할아버지와 함께 우주선을 보기 위해 바닷가에 나왔던 기억. 그리고 버락과 같이 바닷가에 나와서 아주 오랫동안 지평선을 바라본 것도 생각이 났다. 그때 아빠는 무슨 생각을 하고 있었을까.

"아빠, 무슨 생각해?"

딸 사샤가 물었다.

"음……, 우리 가족. 그리고 아빠를 믿고 지지해준 사람들에게 어떤 행복을 줄까 생각하지."

오바마는 두 딸을 데리고 해변을 벗어나 숙소로 향했다.

그 후, 오바마는 링컨 탄생 200주년이 되는 2009년 1월 20일, 미국 제 44대 대통령으로 취임했다. 흑인으로서 첫 미국 대통령이 된 오바마. 오바마는 백인도 흑인도 아닌, 미국의 희망이 되었다.

작가의 말

링컨 200주년에 취임한
흑인 대통령 오바마의 꿈과 희망

　1955년 12월, 몽고메리에서 흑인 로자 팍스 씨가 버스에서 백인 남자에게 자리를 양보하지 않아서 체포당하는 사건이 발생했습니다. 링컨 대통령에 의해 노예제도가 없어졌지만 미국에서는 여전히 인종차별이 존재했던 것입니다. 그 시절 버락 후세인 오바마와 앤은 인종을 뛰어넘어 하와이에서 결혼을 하게 됩니다. 그리고 1961년 8월 4일, 미국 대통령 오바마가 태어납니다.
　오바마는 어릴 때부터 인종 차별에 눈을 뜨게 됩니다. 엄마가 백인이고 아빠가 흑인인 가정에서 태어났기에 더욱 그랬을 것입니다. 또 아버지가 아프리카 케냐 사람이고, 두 번째 아버지가 인도네시아 사람이었으니 인종에 대한 생각이 남달랐을 것입니다.
　오바마는 사춘기에 접어들면서 많은 방황을 하게 됩니다. 자신의 피부에 대한 정체성이 문제였습니다. 그리고 방황을 뛰어넘어 흑인들의 삶을 보살피는 일에 평생을 바쳐야겠다고 다짐합니다.

오바마가 위대한 것은 바로 이 점입니다.

어릴 때부터 자신을 힘들게 했던 인종 차별에 대해 정면으로 도전해 보는 것. 애써 피하지 않고 당당히 맞서는 것. 자신과 했던 약속은 평생을 지키는 것. 그리고 꿈을 희망으로 키우는 끈기.

하버드 대학 로스쿨 편집장까지 지냈던 그가 다시 가난한 흑인들이 모여 있는 시카고로 향하는 비행기를 탔을 때, 많은 사람들은 오바마를 이상한 사람으로 취급했습니다. 뉴욕에서 변호사를 하면 큰돈과 명예를 얻을 수 있는데 굳이 가난한 흑인들이 득실거리는 시카고로 가느냐, 하는 것이었습니다.

오바마의 꿈은 바로 차별 없는 세상, 그리고 누구도 소외받지 않는 세상입니다.

　오바마가 위대하다고 생각하는 사람들은 위대합니다.
　오바마의 도전이 대단하다고 생각하는 사람들은 대단한 사람들입니다.
　오바마는 바로 여러분들에게도 도전해 보라고 말하고 있습니다.
　그리고 그 꿈이 우리 모두에게 빛과 소금이 되는 걸 원합니다.

　잘 알려진 것처럼 오바마는 흑인입니다. 미국에서 흑인이 대통령이 되는 건 바늘구멍으로 낙타가 지나가는 것만큼 힘든 일입니다. 동서로 갈라져 싸우고, 흑인과 백인이 차별하고, 보수와 진보가 다투는 미국에서 오바마는 당당히 대통령에 당선

되었습니다. 당선 된 뒤에도 오바마 대통령은 능력을 중심으로 다양한 인종과 다양한 경력의 사람들을 장관에 기용했습니다.

차별받지 않는 세상!
『오바마 대통령의 꿈』은 지금도 계속 되고 있습니다.
아프리카 케냐에서, 미국에서, 한국에서, 그리고 인도네시아에서 계속 되고 있습니다.

마지막으로 그림을 그려주신 이기훈 선생님께 감사의 인사를 드립니다.

2009년 1월 1일 한봉지

꿈을 주는 현대인물선 1

오바마 대통령의 꿈

1판 1쇄 발행 2009년 1월 20일
1판 4쇄 발행 2015년 6월 19일

글쓴이 한봉지
그린이 이기훈
펴낸이 안성호
펴낸곳 리젬

출판등록 2005년 8월 9일 제 313-2005-00176호
121-821 서울시 마포구 동교로 9길 9 102호
대표전화 02-719-6868 **편집부** 070-4616-6199 **팩스** 02-719-6262
홈페이지 www.ligem.net **전자우편** iezzb@hanmail.net
값 9,600원
ISBN 978-89-92826-20-4 43810